DIDACTIQU[E]
Collecti[on]
Professeur [de]

L'approche communicative

Théorie et pratiques

Evelyne BÉRARD

C L E
international

27, rue de la Glacière — 75013 PARIS
Vente aux enseignants: 18, rue Monsieur le Prince. 75006 Paris.

Evelyne BÉRARD est enseignante au Centre de Linguistique Appliquée de Besançon depuis 1973.

Elle est directeur de ce centre depuis 1987. Maître de conférences à l'Université de Franche-Comté, elle enseigne en licence et en maîtrise de *français langue étrangère* (FLE); elle est également chargée de la formation continue des enseignants de FLE.

Evelyne Bérard a soutenu en 1989 une thèse sur l'approche communicative sous la direction de M. le Professeur Jean Peytard.

© CLE INTERNATIONAL, 1991 ISBN 2-19-033352-0

SOMMAIRE

INTRODUCTION 6

PREMIÈRE PARTIE : ESSAI DE DÉFINITION DE L'APPROCHE COMMUNICATIVE 9

I — UNE REMISE EN CAUSE DES MÉTHODES AUDIO-ORALES ET AUDIO-VISUELLES 11

I.1. Les fondements théoriques des méthodes audio-visuelles 11
I.2. Les choix méthodologiques 12
I.3. Les critiques 13
I.4. L'évolution des méthodes audio-visuelles 14

II — LES APPORTS THÉORIQUES SOUS-JACENTS DANS L'APPROCHE COMMUNICATIVE 17

II.1. La compétence de communication 17
II.2. L'événement de parole 22
II.3. L'acte de parole 23
II.4. L'utilisation d'éléments théoriques dans une perspective didactique 26
II.5. Les principes retenus dans l'approche communicative 28

III — DE NOUVEAUX OUTILS POUR L'ÉLABORATION DE PROGRAMMES D'ENSEIGNEMENT 32

III.1. L'analyse des besoins 33
III.2. Les inventaires 34

IV — L'APPRENTISSAGE 42

IV.1. La progression 42
IV.2. L'analyse de productions des apprenants 44
IV.3. Connaissance implicite/explicite 46

V — LA COMMUNICATION DANS LA CLASSE 49

V.1. Le cadre général 49
V.2. Les documents 50
V.3. Les activités 56
V.4. Le fonctionnement du groupe-classe 57

VI — EN GUISE DE BILAN 60

DEUXIÈME PARTIE : ANALYSE D'ENSEMBLES DIDACTIQUES 65

I — LES ENSEMBLES DIDACTIQUES 67

I.1. Grilles d'analyse 67
I.2. Présentation des ensembles 68

II — LA CONCEPTION GÉNÉRALE ET L'INFLUENCE DU NIVEAU-SEUIL 70

II.1. La conception générale 70
II.2. L'influence du Niveau-Seuil 71

III — LES CONTENUS GRAMMATICAUX 77

IV — LA MÉTHODOLOGIE 79

V — LA CONCEPTION DE L'APPRENTISSAGE 82

VI — LES APTITUDES 83

VII — LES PERSPECTIVES 84

VIII — SYNTHÈSE 86

TROISIÈME PARTIE : UNE EXPÉRIENCE DE CLASSE DE FLE 89

I — LES PRINCIPES 91

I.1. Définir des objectifs 91
I.2. Définir des contenus 92

II — LA PROGRESSION DANS CE TYPE DE COURS. 95

II.1. Les activités 95
II.2. L'évaluation 98
II.3. La négociation 98

III — QUELQUES TRAITS CARACTÉRISTIQUES DE CE TYPE D'EXPÉRIENCE 100

III.1. La communication dans la classe 100
III.2. Le rôle de l'enseignant 101
III.3. Le discours des apprenants sur leur apprentissage et sur les procédures d'enseignement 103

CONCLUSION GÉNÉRALE 109

DOCUMENTS ANNEXES DE LA TROISIÈME PARTIE

— EXEMPLES DE DOCUMENTS UTILISÉS DANS L'EXPÉRIENCE DE CLASSE DE FLE 111

I Compréhension orale 111
II Conceptualisation 114
III Systématisation 116

— LES OBJECTIFS DU COURS DE FLE SUR 15 SEMAINES 117

BIBLIOGRAPHIE 121

INTRODUCTION

Pour situer l'approche communicative dans la chronologie des méthodologies en *français langue étrangère* (FLE), on peut estimer qu'elle s'est développée à partir de 1975. Associée immédiatement à un renouvellement des contenus et des procédures d'enseignement, elle entretient des liens étroits avec l'enseignement fonctionnel d'une langue étrangère pour des publics ayant des objectifs spécifiques.

Le terme «approche» communicative, de l'anglais *approach*, peut renforcer le caractère flou et mal défini de cette méthodologie. De fait, durant ces dernières années, le terme «approche communicative» a été utilisé pour faire référence à des pratiques et des démarches d'enseignement très diverses.

Dans le présent ouvrage, nous avons voulu mettre en perspective une définition de l'approche communicative (AC) qui se dégage des écrits méthodologiques, des pratiques d'enseignement dans les manuels de FLE et une expérience de classe.

Dans la première partie, nous présentons les lignes de force de l'AC à travers des écrits théoriques et didactiques et dégageons les points sur lesquels il y a un consensus portant d'une part sur la définition des contenus, d'autre part sur la manière d'enseigner la langue étrangère : supports, techniques, exercices...

Cette définition de l'AC a été élaborée par rapport aux pratiques précédentes, en dégageant les concepts de base et leur relation avec différentes approches théoriques. La définition des contenus d'enseignement est très liée aux travaux menés dans le cadre du Conseil de l'Europe. Les procédures d'enseignement sont examinées dans leur diversité et dans leur mise en pratique dans la classe.

Ce cadre de définition de l'AC est ensuite confronté à deux types de pratiques :
— celles que préconisent les manuels ou matériaux complémentaires en français langue étrangère (FLE) ;
— celles qui peuvent être observées dans un groupe d'apprenants.

Nous avons analysé les choix de contenus et d'activités que les manuels proposent à l'élève et les démarches que l'enseignant est censé utiliser. L'identification de ces choix et leurs réalisations nous permettent de comparer les différentes façons de procéder, la méthode étant souvent la rencontre entre des pratiques de classe et des manières de mettre en œuvre des principes régissant l'enseignement d'une langue.

Dans la troisième phase nous présentons une expérience de classe et faisons une analyse des interactions dans un groupe en cours d'apprentissage d'une langue étrangère. Ceci nous permet d'aborder le problème sous l'angle de l'apprentissage lui-même.

Ces trois éclairages font parfois apparaître des écarts entre les principes méthodologiques et les différentes mises en œuvre. Ils font également surgir les problèmes que peut poser l'AC, ses limites et ses points forts. Nous avons voulu situer ce travail dans le champ du FLE, et cependant il apparaît que certaines analyses sont également valables pour l'enseignement des langues étrangères en général et que certains problèmes relèvent de la relation pédagogique.

PREMIÈRE PARTIE

ESSAI DE DÉFINITION DE L'APPROCHE COMMUNICATIVE

L'approche communicative ou **les approches communicatives** (1) se développent à partir de plusieurs facteurs :

— une critique, tant au niveau des principes théoriques que de la mise en œuvre, des méthodes audio-orales (**MAO**) et des méthodes audio-visuelles (**MAV**) ;
— une diversification des apports théoriques des sciences du langage ou d'autres disciplines ;
— l'utilisation d'outils nouveaux permettant de définir les besoins des apprenants et les contenus d'enseignement ;
— une évolution méthodologique qui intègre des principes différents quant aux progressions, documents et techniques de classe.

---

(1) Nous utiliserons le singulier pour des raisons de commodité même si le pluriel nous semble mieux rendre compte de la diversité des mises en pratique de l'approche communicative.

I. UNE REMISE EN CAUSE DES MÉTHODES AUDIO-ORALES ET AUDIO-VISUELLES

Il est incontestable que **l'approche communicative** s'inscrit dans un mouvement de réaction par rapport aux méthodes précédentes, audio-orales et audio-visuelles, même si elles ont constitué une avancée non négligeable par rapport aux méthodes traditionnelles et ont permis à certains publics d'apprendre efficacement une langue étrangère. Il nous semble nécessaire d'examiner les points sur lesquels la plupart des méthodologues émettent des critiques, afin de voir si l'approche communicative propose des solutions différentes. Bien que ce bilan porte à la fois sur les méthodes audio-orales et audio-visuelles, il convient de préciser que ces deux types de méthodes ne peuvent être totalement confondus.

I.1. Les fondements théoriques des méthodes audio-visuelles

En France, les méthodes audio-visuelles se développent dans les années 50 à partir des travaux de Guberina (Zagreb) et de l'équipe du CREDIF (Saint-Cloud). La méthodologie structuro-globale audio-visuelle se fonde sur deux courants théoriques :
— la linguistique structurale ;
— la psychologie behavioriste.

Eddy Roulet résume de la manière suivante les apports de ces deux courants (2) :

« Le premier apport de la linguistique structurale a été de fournir des descriptions de l'objet qui constituait précisément l'objectif prioritaire de la nouvelle pédagogie, à savoir la langue parlée en usage... Le second apport de la linguistique structurale réside sans aucun doute dans la conception de la langue comme système, qui avait été développée par Saussure dès le tout début du siècle. De la psychologie behavioriste, en particulier de la théorie du conditionnement de Skinner, les tenants de la nouvelle méthodologie ont retenu essentiellement la conception de la langue comme un réseau d'habitudes, un jeu d'associations entre des stimuli et des réponses établies par le renforcement dans une situation sociale. »

---

(2) Roulet E. (1976) : « L'apport des sciences du langage à la diversification des méthodes d'enseignement des langues secondes en fonction des caractéristiques des publics visés » dans *ELA* n° 21, Didier, pp. 44-45.

Ces fondements théoriques confèrent aux méthodes audio-visuelles un caractère de scientificité à la fois dans le choix des contenus enseignés et dans le processus d'acquisition qui met l'accent sur le montage d'habitudes verbales excluant la production d'erreurs.

I.2. Les choix méthodologiques

■ Priorité à l'oral

Par rapport aux méthodes traditionnelles, les méthodes audio-visuelles donnent très largement la priorité à l'oral, comme objectif d'apprentissage et comme support d'acquisition, en retardant l'apprentissage de l'écrit conçu comme un prolongement de l'oral (3).

L'association entre le son et l'image permet de présenter des dialogues dans des situations, de donner des informations situationnelles et de faire accéder l'élève au sens des énoncés d'une manière naturelle. Les caractéristiques de la langue parlée, en particulier, les phénomènes intonatifs, sont présents dans les dialogues. La présence des enregistrements garantit à l'enseignant un modèle qu'il peut reproduire autant de fois que nécessaire.

■ Une progression rigide

Les contenus des méthodes audiovisuelles sont sélectionnés à partir de l'enquête réalisée par **Gougenheim** (*Élaboration du français fondamental*; Gougenheim, Michéa, Rivenc, Sauvageot; 1964), qui détermine les structures et le lexique fondamentaux selon le critère de fréquence d'emploi. Ces contenus sont répartis dans les méthodes audio-visuelles selon un critère de difficulté : la progression s'organise en allant du plus simple au plus complexe. Les difficultés sont réparties au fil des leçons et chaque leçon est centrée sur un nombre limité de structures. L'organisation des leçons a un caractère systématique : les différentes phases se succèdent selon le même ordre :
— présentation du dialogue enregistré et des images fixes,
— explication du dialogue par séquences,
— mémorisation,
— exploitation qui se fait soit à partir des images, soit à partir des exercices structuraux,
— transposition, phase qui permet à l'élève d'utiliser les éléments linguistiques acquis dans les phases précédentes.

C'est par leur caractère systématique que les méthodes audio-visuelles présentent une garantie de succès pour l'acquisition d'une lan-

---

(3) Gauvenet H. et Alii (1964): *Voix et images de France*, Livre du maître, CREDIF.

gue étrangère. D'autre part, le fait que la langue soit présentée à l'élève en situation lui permet de l'apprendre comme outil de communication.

- **Conception de l'enseignement / de l'apprentissage**

D'une manière générale, les choix opérés dans ce type de méthodes laissent assez peu de place à l'initiative de l'élève ; on lui demande surtout d'acquérir les comportements adéquats à chaque type d'exercices.

Un des postulats de départ implique que ce qui est enseigné est appris par l'élève et qu'il peut produire sans erreur les énoncés compris. La prise en compte de l'erreur dans l'apprentissage sera reconsidérée après un temps assez long de pratiques de méthodes audio-visuelles. La progression (du simple au complexe) — nous ne reviendrons pas ici sur les problèmes de définition des concepts de « simple » et de « complexe » dans une langue donnée — consiste à proposer à l'élève une difficulté après l'autre en atomisant la langue. Elle pose problème lorsque l'élève se trouve dans une situation réelle qui lui impose de mobiliser plusieurs savoir-faire en même temps et d'effectuer lui-même la relation entre tous les éléments appris, pour accomplir une tâche réelle dans la langue étrangère.

L'exposition à la langue étrangère, telle qu'elle est prévue dans les méthodes audio-visuelles, doit permettre à l'élève de produire des énoncés corrects mais également de se construire seul un système qui n'est pas explicité.

C'est l'organisation même du contenu à enseigner, la rigueur de la progression et les activités destinées à fixer des structures qui font appréhender à l'élève le fonctionnement de la langue étrangère. Par conséquent, certaines habitudes de l'élève dans sa langue maternelle, par exemple l'utilisation de règles grammaticales, ne sont pas réinvesties dans les méthodes audiovisuelles.

I.3. Les critiques

Les critiques couramment formulées à l'égard des méthodes audio-visuelles portent sur plusieurs aspects.

Dès 1966, **Noam Chomsky** met en doute l'efficacité des théories de référence dans le cadre de l'enseignement des langues : « ... Il est difficile de croire que la linguistique ou la psychologie aient atteint un degré de connaissance théorique qui leur permettent de servir de base à une "technologie de l'enseignement des langues". » (4)

---

(4) Chomsky N. (1972) : « Théorie linguistique », dans FDM 88, Hachette Larousse, page 6. Traduction d'un texte de 1966 : *Northearst Conference in the Teaching of Foreign Languages.*

L'APPROCHE COMMUNICATIVE

Le type de langue, mais surtout les caractéristiques de la communication proposée dans les dialogues sont très éloignées de la réalité, et le décalage entre la méthode et le contact direct avec la langue étrangère peut être très déroutant pour l'élève. C'est ce décalage que signale **Louis Porcher** : « L'image de la communication n'a rien à voir avec la réalité ; en effet le type de situation présentée est presque toujours le même : 2 à 4 personnes qui parlent à leur tour sans chevauchement, sans hésitation, sans reprise, sans bruit de fond, sans ratés. » (5)

De la même manière, le contenu socioculturel que véhiculent ces méthodes est réducteur et reflète peu la diversité des groupes sociaux.

D'un point de vue méthodologique, la priorité donnée à l'acquisition de structures d'une manière mécanique peut aboutir à minimiser le rôle du sens, enjeu de la communication en langue étrangère (6). Par ailleurs, la rigidité de la démarche audiovisuelle avec ses règles peut, au lieu d'être sécurisante pour l'élève, provoquer la démotivation ; en effet les activités répétitives, les personnages et les situations stéréotypés, le caractère automatique des exercices sont autant de facteurs qui peuvent provoquer un phénomène de rejet.

Enfin ces méthodes conçues essentiellement pour des adultes et dans le cadre d'un enseignement intensif donnent des résultats décevants dans un cadre scolaire et n'apportent pas de solutions pour des publics avancés. Leur rigueur et leur caractère systématique se prêtent mal à une utilisation souple et à une adaptation.

I.4. L'évolution des méthodes audio-visuelles

Le passage entre méthodes audio-visuelles et approche communicative est marquée par une étape intermédiaire à partir des années 70. Cette étape se caractérise par une réflexion sur la pratique des méthodes audio-visuelles et par l'apparition de méthodologies ou de méthodes, présentant des caractéristiques différentes des premières méthodes audio-visuelles.

Les méthodes audio-visuelles de « deuxième génération » telle que *De Vive Voix* évoluent vers une plus grande souplesse d'utilisation, proposant des dialogues plus proches de la réalité et donnant plus d'initiative à l'élève. Ceci apparaît clairement dans la nouvelle pédagogie de *De Vive Voix* qui conseille à l'enseignant d'utiliser d'abord les images seules et de travailler dans un premier temps sur les productions des élèves (7).

---

(5) Porcher L. (1981) : « Incertitudes subjectives sur la linguistique et la didactique », dans *Description, présentation et enseignement des langues*, Richterich R., Widdowson, Hg (Eds), CREDIF, Hatier, LAL, p. 25. Voir Roulet E., op. cit., pp. 47-48.
(6) Debyser F. (1985) : « De l'imparfait du subjonctif aux méthodes communicatives », dans *FDM* 96, Hachette, Larousse.
(7) Moget M. T. (1972) : Guide pédagogique, *De Vive Voix*.

Cette évolution est à mettre en relation avec les problèmes qui se posent pour ce qu'il est convenu d'appeler le **Niveau 2**. Il est clair que les principes définis pour le Niveau 2 sont sensiblement différents de ceux qui sont appliqués dans les méthodes audio-visuelles pour débutants, c'est-à-dire pour le Niveau 1. **F. Debyser** rappelle ces principes dans le numéro 73 du *Français dans le Monde* de 1970 :

1. une réflexion plus poussée sur les objectifs ;
2. une orientation sur l'enseigné ;
3. des méthodes plus actives ;
4. le développement de l'expression libre et de la créativité ;
5. la mise en place d'une véritable compétence de communication ;
6. le dépassement de la méthodologie structuraliste dérivée de la linguistique appliquée...
7. l'accès à des variétés différenciées de types de langue, de registres et de discours ;
8. l'utilisation de documents authentiques ;
9. une plus grande diversification des procédures didactiques...

Il était clair que ces propositions «constructives» pour le Niveau 2 pouvaient également se lire comme autant de critiques implicites du Niveau 1 de l'époque... Il semblerait que le décalage profond entre les deux niveaux selon les principes énumérés plus haut pose un réel problème, et que la manière d'aborder le Niveau 2 a un effet sur le Niveau 1 en infléchissant les principes des premières méthodes audiovisuelles.

Enfin, une méthode comme *C'est le printemps* (8) reflète assez bien l'évolution des années 70. Tout en conservant des éléments de la méthodologie audiovisuelle (priorité à l'oral, utilisation des images fixes, dialogues comme point de départ de la leçon, exercices systématiques), cette méthode se démarque des précédentes en introduisant les principes suivants :

— organiser les unités en fonction d'objectifs de communication,
— diversifier les personnages, les situations et proposer des thèmes plus proches des préoccupations des adultes,
— introduire des documents semi-authentiques et plusieurs variétés du français parlé,
— proposer des procédures pédagogiques plus diversifiées et des activités de conceptualisation telles qu'elles avaient été introduites au Niveau 2.

Nous retiendrons en la résumant la définition que donne **Roulet** (9) de la langue comme instrument de communication, qui se construit à partir d'un bilan critique des méthodes audiovisuelles :

---

(8) Montredon J. et alii (1976) : *C'est le Printemps* 1, CLE INTERNATIONAL.
(9) Roulet E. (1976) : L'apport des sciences du langage, *ELA*, n° 21, Didier, pp. 48-51 : « Que faut-il entendre par posséder une langue comme instrument de communication ? »

L'APPROCHE COMMUNICATIVE

LES MÉTHODES AUDIO-VISUELLES	LANGUE = INSTRUMENT DE COMMUNICATION
1. Comprendre et produire une phrase correcte	Savoir utiliser ces phrases dans des unités plus vastes (texte, dialogue) Utiliser les énoncés appropriés à certaines situations de communication
2. Transmettre des informations. Poser des questions sur l'univers qui nous entoure.	Maîtriser les fonctions du langage (Jakobson)
3. Connaître une langue pure, homogène, monolithique	Comprendre et, si possible, utiliser les différentes variétés de langue.

Il est certain que l'approche communicative telle que nous tenterons de la décrire prend en compte une critique des méthodes audio-visuelles, les principes pédagogiques et linguistiques qui marquent leur évolution. Elle se donne pour objectif de faire acquérir à l'élève la langue dans la variété de ses registres et usages, en tentant de ne pas séparer langue et civilisation.

II. LES APPORTS THÉORIQUES SOUS-JACENTS DANS L'APPROCHE COMMUNICATIVE

Par rapport aux méthodes audio-visuelles, l'approche communicative a comme particularité de diversifier les emprunts théoriques auxquels elle a recours. Cette diversification se fait à un moment où la linguistique n'est plus dominée par un grand courant et où se développe un ensemble de disciplines qui se donnent des objets de travail spécifiques : sociolinguistique, psycholinguistique, ethnographie de la communication, analyse de discours, pragmatique...

Le rapport même entre théorie et enseignement des langues étrangères est différent : on n'attend plus d'une discipline théorique qu'elle fournisse un modèle permettant de résoudre les problèmes d'enseignement, mais on va y puiser des outils, des concepts qui sont intégrés par la didactique. L'évolution même du terme de **linguistique appliquée**, remplacé par celui de **didactique des langues étrangères** (D.L.E.) marque bien le rejet de la linguistique comme seule discipline de référence dans le champ de l'enseignement. Il y a désormais un ensemble de disciplines ressources qui permettent à la didactique des langues étrangères (LE) de se forger ses propres concepts (1).

Enfin, il ne faut pas oublier que l'approche communicative se met en place en diversifiant les apports théoriques mais également en tenant compte des enseignements que l'on peut tirer de la pratique.

II.1. La compétence de communication

L'approche communicative recentre l'enseignement de la LE sur la communication : il s'agit pour l'élève d'apprendre à communiquer dans la LE et donc d'acquérir une **compétence de communication**. Il s'agit là d'un concept clé créé par **Dell Hymes** (2) et qui a été précisé par la suite.

— Pour **Dell Hymes**, dont l'objet de travail est l'ethnographie de la communication « les membres d'une communauté linguistique ont en

---

(1) Voir sur ce point Galisson R. (1985), Didactologies et Idéologies, ELA, n° 60, Didier, pp. 5-16.
(2) Hymes Dell H. (1972) : On communicative competence, dans JB Pride et Holmes (éd.), *Sociolinguistics*, pp. 269-293. Texte traduit dans *Vers la compétence de communication* CREDIF, Hatier, LAL, 1984, pp. 17-118.

partage une compétence de deux types : un savoir linguistique et un savoir sociolinguistique ou, en d'autres termes, une connaissance conjuguée de normes de grammaire et de normes d'emploi » (3). Quand il s'agit de la langue maternelle, l'acquisition de ces deux systèmes de règles se fait conjointement et de façon implicite. « Il (un enfant normal) acquiert une compétence qui lui indique quand parler, quand ne pas parler, et aussi de quoi parler avec qui, à quel moment, où, de quelle manière. Bref, un enfant devient à même de réaliser un répertoire d'actes de parole, de prendre part à des événements de paroles et d'évaluer la façon dont d'autres accomplissent ces actions. » (4)

La réflexion critique de **Dell Hymes** sur les notions de **compétence / performance** chez **Chomsky** (5) et de **grammaticalité / acceptabilité**, l'amène à formuler quatre types de règles pour ce qui concerne le statut d'une phrase, d'une unité de discours, d'un message ou d'un aspect d'un message (6) :

« **1.** Si oui ou non, et dans quelle mesure, quelque chose est possible sur le plan systémique, c'est-à-dire peut être généré par le système en question.
2. Si oui ou non, et dans quelle mesure, quelque chose est disponible en vertu des moyens d'exécution donnés.
3. Si oui ou non, et dans quelle mesure, quelque chose est approprié par rapport au contexte et à la communauté dans laquelle ce quelque chose est utilisé et évalué.
4. Si oui ou non, et dans quelle mesure, quelque chose est en fait produit, si son occurrence existe. »

Il conviendrait de souligner que la notion de compétence de communication telle que la définit **Dell Hymes** est mise en place à partir de la notion de compétence linguistique.

« L'un des concepts les plus importants que va développer **Hymes** est celui de compétence de communication, qui fait pendant à la notion de compétence linguistique développée par **Chomsky** (voir en particulier **Hymes**, 1973, trad. française, 1981). Pour communiquer, il ne suffit pas de connaître la langue, le système linguistique : il faut également savoir s'en servir en fonction du contexte social. » (7)

À partir des travaux de **Dell Hymes**, la notion de compétence de communication a été rapidement utilisée en didactique et précisée, bien

---

(3) *Op.cit.*, p. 47.
(4) *Op. cit.*, p. 74.
(5) Chomsky N. (1965) : *Aspects of the theory of syntax*, Cambridge MIT Press.
(6) Hymes Dell H. *op. cit.*, pp. 83-84.
(7) Bachman C., Lindenfeld J., Simonin J. (1981) : *Langage et communications sociales*, CREDIF, Hatier p. 53.

que la définition initiale et les suivantes posent certains problèmes sur lesquels nous reviendrons.

— Ainsi **Canale et Swain** (8) définissent **la compétence de communication** comme incluant trois compétences principales :
- la compétence grammaticale ;
- la compétence sociolinguistique ;
- la compétence stratégique.

Pour les auteurs, la compétence sociolinguistique inclut une compétence socioculturelle (connaissance des règles sociales dans un groupe donné) et une compétence discursive (maîtrise des différentes formes de discours). La compétence stratégique est définie comme l'ensemble des stratégies de communication qui permettent de compenser les ratés de la communication, ces phénomènes de compensation pouvant s'exercer soit sur la compétence linguistique soit sur la compétence sociolinguistique. La compétence stratégique doit donc, pour Canale et Swain, être enseignée dès le début de l'apprentissage d'une LE puisqu'elle permet de combler les lacunes des deux autres compétences.

— **Sophie Moirand** (9) donne une définition plus précise de la compétence de communication en identifiant quatre composantes :
- « **une composante linguistique**...
- **une composante discursive,** c'est-à-dire la connaissance et l'appropriation des différents types de discours et de leur organisation en fonction des paramètres de la situation de communication dans laquelle ils sont produits et interprétés ;
- **une composante référentielle**, c'est-à-dire la connaissance des domaines d'expérience et des objets du monde et de leur relation ;
- **une composante socioculturelle**, c'est-à-dire la connaissance et l'appropriation des règles sociales et des normes d'interaction entre les individus et les institutions, la connaissance de l'histoire culturelle et des relations entre les objets sociaux. »

Pour **S. Moirand**, ce n'est qu'au moment de l'actualisation de cette compétence qu'interviennent des phénomènes de compensation qui relèvent de « stratégies individuelles de communication ».

— Ces différentes définitions posent une série de problèmes qui ne manqueront pas de rejaillir sur l'utilisation du concept de compétence de communication en didactique des LE :
- le rapport entre les différentes composantes n'est pas vraiment

---

(8) Canale M., Swain M. (1980) : « Theoretical bases of communicative approaches to second language teaching and testing », in *Applied Linguistics*, vol. 1., n° 1, p. 28.
(9) Moirand S. (1982) : *Enseigner à communiquer en LE*, Hachette. Coll. F., p. 20.

précisé; ainsi, on peut s'interroger sur le rapport entre **communicatif/culturel** (10) ou sur le rapport **social/individuel**, surtout au niveau d'une compétence stratégique;
— si ces définitions s'accordent toutes plus ou moins pour mettre à jour une compétence linguistique, une compétence socioculturelle, une compétence discursive, qu'en est-il de **la compétence stratégique**? N'y aurait-il pas des stratégies autres qu'individuelles? Certaines stratégies ne seraient-elles pas liées au fonctionnement social d'un groupe, la représentation que l'on a de l'autre lors d'un échange étant bien inscrite dans une dimension sociale.

Par exemple l'utilisation des gestes qui se substituent à un énoncé illustrerait ce sens du concept de stratégie; dans ce cas, il est difficile de dire si elle relève du domaine individuel ou s'il y a transfert de compétences maîtrisées par l'individu dans sa culture d'origine. De la même manière, certaines stratégies, comme « ne pas dire qu'on ne sait pas » en réponse à une question, semblent relever assez nettement de pratiques partagées dans une culture donnée. Enfin certaines stratégies peuvent être mises en place de façon consciente et sont liées au processus d'argumentation.
— le mot « performance » étant exclu, l'actualisation de la compétence reste un terme assez flou. Comment s'établit le rapport **compétence/actualisation**? Étant entendu qu'un locuteur ne domine pas l'ensemble des compétences dans sa langue maternelle, comment va-t-on définir pour enseigner une LE les contenus liés aux différentes compétences?

Les différentes définitions peuvent être schématisées de la manière suivante:

COMPÉTENCE DE COMMUNICATION (CC).

Pour **Hymes** CC = règles linguistiques + règles d'usage
Pour **Canale et Swain** CC = CL + CS + CST.
Pour **Sophie Moirand** CC = CL + CD + CR + CS.+ actualisation
(phénomènes de compensation,
stratégies individuelles de communication).

CC : compétence de communication
CL : compétence linguistique
CS : compétence sociolinguistique
CST : compétence stratégique
CD : compétence discursive

— Dans les débats, les didacticiens posent peu le problème de l'articu-

---

(10) Trescases P. (1985): « Réflexions sur le concept de compétence culturelle en didactique », *ELA* n° 60, Didier, pp. 49-69.

LES APPORTS THÉORIQUES SOUS-JACENTS

lation entre les différentes compétences pour parvenir à l'enseignement d'une véritable compétence de communication. Le débat porte en général sur l'opposition entre compétence linguistique et compétence de communication (11). Il anime les tenants de l'approche communicative et les défenseurs des méthodes audio-visuelles, mais nous apparaît stérile.

— La définition de **la compétence de communication** que donne S. **Moirand** est la plus complète; cependant, comme pour les autres définitions, se posent les mêmes difficultés. Il n'est pas évident de définir exactement ce que recouvrent certaines composantes; la limite entre règles sociales et stratégies est, dans certaines situations, difficile à cerner. Lorsqu'on analyse une conversation, il n'est pas toujours évident de classer les éléments qui relèvent du social et de l'individuel. Le flou de ces frontières n'est cependant pas l'élément le plus gênant pour le pédagogue ou le concepteur de matériel didactique.

À l'inverse, le fait qu'il n'existe aucune description des règles sociales qui régissent la communication dans une langue donnée et plus précisément dans un groupe utilisant la même langue, crée un déséquilibre par rapport à la compétence linguistique qui, elle, est décrite, même s'il existe des angles de description parfois opposés.

Une attitude possible face à cette non-description de la compétence socioculturelle peut être de rejeter cet aspect de la compétence de communication. L'approche communicative tente d'intégrer la dimension sociale du langage d'une manière parfois confuse et c'est plutôt dans la manière d'envisager la langue que transparaissent les travaux des sociolinguistes (comme Labov, Bernstein, Bourdieu) pour ce qui concerne la langue enseignée et la façon d'appréhender les productions des élèves. Plus que l'emprunt de concepts à la sociolinguistique, c'est son existence et son influence qui se manifestent (12). Il s'agit de ne jamais oublier que

---

(11) Sur ce point on peut comparer deux positions opposées concernant les méthodes audio-visuelles :
Besse H. (1980): *Polémique en didactique*, CLE INTERNATIONAL: « À la "compétence de langue" que les MAO et par extension, les MAV, sont censées d'après les fonctionnalistes enseigner exclusivement, s'ajoute le souci de la compétence de communication, de l'enseignement du discours dans toute la richesse de ses variétés et de ses conventions sociales. »
Dalgalian G., et alii (1981): *Pour un nouvel enseignement des langues*, CLE INTERNATIONAL, p. 38: « Le changement de perspective entre les méthodes des années soixante et l'orientation actuelle visant à une communication effective a été globalement provoqué par la constatation de lacunes dans les MAV par rapport à l'apprentissage de ce que l'on sentait confusément être la réalité des langues, lacunes, d'autant mieux ressenties que ces méthodes mettaient l'accent sur la situation, le dialogue, l'échange et attiraient donc l'attention sur le phénomène de la communication. Le décalage entre l'intention déclarée (enseigner à communiquer) et les moyens que l'on se donnait (dialogues édulcorés en situation neutralisée) devenait vite sensible au praticien même s'il ne possédait pas les critères d'analyse nécessaires ».
(12) Sur ce point consulter l'ouvrage de Bachman C. et alii (1981): *Langage et communications sociales*, CREDIF, Hatier.

« le langage s'inscrit dans des relations de pouvoir ; la parole contribue à influencer, transformer, ou détruire celui qui l'écoute » (13).

Enfin la relation entre les diverses composantes de la compétence de communication n'est pas évidente. Celle qui existe entre les réalisations linguistiques, le contexte social, les formes du discours, les stratégies, est difficilement systématisable, elle peut à la rigueur être observée. « On sait relativement peu de choses sur la façon dont le contexte social et les formes grammaticales sont en interaction (14). »

II.2. L'événement de parole

Un des autres apports de **Dell Hymes**, situé à un niveau différent, est constitué par ce qu'il appelle le modèle **SPEAKING** (15). Ce modèle permet d'analyser les différentes composantes de ce qu'il nomme **un événement de communication (speech event).**

Modèle **SPEAKING** :

> **Setting :** cadre physique et psychologique de l'échange.
> **Participants :** tous les participants, qu'ils prennent ou non, une part active à l'échange. Caractéristiques du point de vue socioculturel, psychologique.
> **Ends** : finalités = buts ou intentions et résultats de l'activité de communication.
> **Acts :** actes = contenu du message (thème) et forme.
> **Key :** tonalité qui caractérise de façon plus détaillée que la précédente les particularités de la manière dont se déroule l'activité de langage sur le plan linguistique ou paralinguistique.
> **Instrumentalities :** instruments, moyens de communication, canaux, codes.
> **Normes** : normes d'interaction et normes d'interprétation (habitudes qui régissent la communication dans une communauté).
> **Genre :** genre = type d'activité du langage.

Ce modèle peut être appliqué au domaine didactique et permet de mettre en évidence certaines relations entre les réalisations linguistiques et les éléments qui constituent l'événement de parole. « Rien ne me paraît plus opératoire, pour décrire et analyser une situation de communication en didactique des langues, que de se poser, à chaque fois, les éternelles

---

(13) Idem, p. 9.
(14) Canale, Swain : *op. cit.* Texte original : « Relatively little is known about how social context and grammatical forms interact. »
(15) Hymes, Dell (1972) : *Models of the interaction of language and social life*, Gumperz et Hymes. Modèle cité par Bachman C. et alii (1981) : *Langage et communications sociales*, CREDIF, Hatier LAL, pp. 72-76.

questions des praticiens de la communication : qui parle ? à qui ? pourquoi et où ? etc. (16) »

Dans le cadre de l'approche communicative, le travail sur des événements de parole permet :
— de travailler des énoncés qui s'agencent dans un contexte donné sans les percevoir d'une façon isolée ;
— de mettre en relation les réalisations linguistiques et les éléments de la situation de communication ;
— de dégager des régularités par l'analyse et l'observation sur des échantillons ;
— de sensibiliser les apprenants à des types de discours différents, à des régularités discursives, à des variétés de langue.

Il semble également que ce modèle soit présent dans les grilles que les méthodologues construisent pour analyser des documents utilisables dans la classe avec certaines adaptations.

II.3. L'acte de parole

Le concept d'**acte de parole**, très largement utilisé en didactique des langues étrangères, apparaît dans les travaux de deux philosophes du langage : **Austin** et **Searle** (17).

— **Austin** (1970) part au début de son ouvrage d'une réflexion sur **les verbes performatifs** : verbes dont l'énonciation réalise l'action qu'ils définissent, par exemple : « Je te baptise », « Je vous déclare unis par le mariage ». À partir de cette étude, **Austin** applique à d'autres catégories d'énoncés le fait que le dire et le faire soient intimement liés dans un même énoncé. Il distingue en outre trois niveaux dans l'énoncé :
- celui de **la locution** : la forme de l'énoncé (phonétique, syntaxe) ;
- celui de **l'illocution** : ce que fait le locuteur quand il parle (donner un ordre, exprimer un doute, demander une information) ;
- celui de **la perlocution** : l'effet que produit un énoncé sur l'interlocuteur (on peut convaincre, rassurer, étonner...).

Cette approche pragmatique considère le langage comme un moyen d'action sur l'autre et l'étudie dans sa contextualisation : en effet c'est le contexte qui permet de fournir une interprétation, de savoir s'il s'agit d'une information, d'une promesse, d'un ordre.

De la même manière, l'organisation des actes entre eux fournit des

---

(16) Moirand S., *op. cit.*, p. 14.
(17) Searle J.R. (1972) : *Les actes de langage*, Hermann. Traduction de *Speech Acts*, Cambridge University Press, 1969 — Austin J.L. (1970) : *Quand dire, c'est faire*, Seuil. Traduction de *How to do things with words*, Oxford University Press, 1962.

éléments d'interprétation : adéquation d'un énoncé par rapport à un autre, position d'un énoncé dans le discours. Il est important de retenir que « l'analyse pragmatique des actes de langage, centrée sur leur fonction communicative, s'inscrit en faux contre une conception informative du langage » (18).

C'est ce premier aspect qui sera retenu dans l'approche communicative ; la priorité n'est pas accordée aux formes syntaxiques car la correspondance entre une forme (par exemple : l'impératif) et un acte (dans ce cas : l'ordre) ne peut pas être considérée comme évidente.

Pour qu'un acte se réalise, l'approche pragmatique suppose qu'il existe un système de règles qui régisse le fonctionnement des conversations (19). Ce point de vue de type psychologique et philosophique centre l'attention sur le comportement des participants d'une conversation.

— **Grice** (1979) a défini des principes de fonctionnement des conversations (20) qui reposent sur deux hypothèses :

- les participants d'une conversation respectent un principe général de coopération,
- chaque contribution d'un participant doit respecter les maximes suivantes :
  - maxime de quantité : que la contribution contienne autant d'informations qu'il est requis, mais pas plus ;
  - maxime de qualité : que la contribution soit véridique ;
  - maxime de relation : que la contribution soit pertinente ;
  - maxime de manière : que la contribution soit claire.

L'utilisation des maximes permet de resituer des phénomènes liés à l'implicite dans l'échange verbal. Cet aspect est également intégré dans l'approche communicative : l'aspect formel des énoncés est moins important que le sens et que l'effet produit sur l'autre dans une intervention. De la même manière le développement de la pragmatique est lié à la théorie de l'énonciation et à l'analyse de conversations. L'approche communicative, dans ses principes au moins, et de façon parfois confuse prend en compte la dimension discursive du langage, la globalité des échanges et s'intéresse donc moins à l'analyse d'énoncés isolés.

Parmi les recherches effectuées en pragmatique, il est cependant clair que l'approche communicative retient surtout le concept d'**acte de parole**.

— **Searle** (1972) propose une classification des actes de langage qui se répartissent en cinq grands types d'actes :

- **représentatifs** = assertion, information : décrire un état de fait ;

---

(18) Moeschler J. (1985) : *Argumentation et conversation. Éléments pour une analyse pragmatique du discours*, CREDIF, Hatier LAL.
(19) Voir *Langue Française* n° 42 : La pragmatique, 1979, Larousse.
Recanati F. (1973) : *La transparence et l'énonciation pour introduire à la pragmatique*, Seuil.
Berrendoner, A. (1981) : *Éléments de pragmatique linguistique*, Minuit.
(20) Grice, H. P. (1979) : « Logique et conversation », dans *Communications* n° 30, pp. 57-72.

LES APPORTS THÉORIQUES SOUS-JACENTS

- **directifs** = ordre, requête, question, permission : mettre l'interlocuteur dans l'obligation de réaliser une action future ;
- **commissifs** = promesse, offre : obligation contractée par le locuteur de réaliser une action future ;
- **expressifs** = félicitations, excuse, remerciement, salutation : exprimer un état psychologique ;
- **déclaratifs** = déclaration, condamnation, baptême : rendre effectif le contenu de l'acte.

Au niveau didactique, des classifications sont développées dans des inventaires qui précèdent l'élaboration de matériel pédagogique (21).

L'approche communicative fait en permanence référence à **la pragmatique**. Cette utilisation de la pragmatique au niveau de l'enseignement du français langue étrangère peut être **minimaliste** (22) : seul le concept d'acte de parole est retenu et plusieurs problèmes restent en suspens :

- le rapport entre intention de communication et réalisation est sans doute complexe, il n'y a pas forcément transparence entre ce que le locuteur veut faire et sa manière de le réaliser à travers la langue ;
- cette conception minimaliste tend à mettre en place une hypothèse du type : à un acte correspond un énoncé. Or il n'est pas toujours évident d'isoler un acte dans un énoncé, il peut y avoir plusieurs actes. C'est l'enchaînement des énoncés et le contexte qui vont donner un sens à un énoncé. Enfin les critères permettant de choisir parmi plusieurs réalisations possibles celle qui correspond le mieux à un acte sont parfois difficiles à expliciter. Cette perspective didactique retient l'unité minimale, à savoir l'acte de parole, comme concept opératoire alors que l'analyse de conversations met en place des unités plus larges qui structurent une conversation :

- événement de communication : l'unité la plus large
- transaction
- échange
- séquence
- acte (23).

Ce courant didactique, que l'on peut qualifier de **maximaliste** par rapport au précédent, a la volonté d'intégrer non seulement le concept d'acte de parole emprunté à la pragmatique, mais également les différents niveaux de structuration qui rendent compte de la façon dont fonctionne un échange et de la manière dont les actes se succèdent et s'organisent. Cette dimension maximaliste sera exploitée dans l'analyse de documents utilisés à des fins pédagogiques ; les concepts dégagés permettront de proposer des cadres pour l'observation et l'analyse de documents réels.

---

(21) Voir le chapitre sur les outils et le Niveau-Seuil en particulier.
(22) Nous réutilisons le terme employé par S. Moirand (1982) dans un sens différent : minimaliste signifie, dans l'utilisation que nous en faisons, que l'approche communicative se réduit à la mise en scène d'un seul concept.
(23) Jupp JC et alii (1978) : *Apprentissage linguistique et communication*, CLE INTERNATIONAL, pp. 150-153.

Cette approche permet en fait de proposer à l'élève des schémas de conversation, qui peuvent jouer un rôle de modèle et qui permettent à celui-ci de se situer dans le déroulement d'une conversation. Elle intègre donc, de manière moins directe que le simple transfert d'un concept, une dimension pragmatique dans l'enseignement de la langue étrangère en l'envisageant globalement, ce qui peut être perçu parfois comme plus confus.

En conclusion, les difficultés que le didacticien rencontre dans la mise en place de l'approche communicative, semblent liées au fait que les philosophes du langage ont une vision quelque peu idéale de la communication ; ainsi les maximes de Grice (1973) laissent supposer que dans un échange les participants sont « de bonne foi » et qu'ils ont comme objectif le succès de l'échange.

Cette manière d'envisager le problème induit que la conception de la communication que l'on utilise a un caractère idéal, et que dans une perspective didactique, on tentera de gommer toute la complexité de la communication réelle.

II.4. L'utilisation d'éléments théoriques dans une perspective didactique

La première constatation qui s'impose, c'est que l'approche communicative a recours à des éléments théoriques divers, parfois difficilement compatibles. «... Un certain nombre de programmes de langue ont essayé, ces dix dernières années, de prendre en compte la dimension communicative du langage, notamment dans les pays anglo-saxons, à partir des données de **la sociolinguistique** (Labov, Hymes, Bernstein), de **la sémantique** (Halliday, Fillmore) et de **la pragmatique** (Austin, Searle). Cette hétérogénéité théorique des outils descriptifs de référence n'est pas sans conséquence sur le flou terminologique constaté dans les écrits sur l'approche communicative (24)».

Cette diversité des outils théoriques nous empêche de considérer le rapport entre théorie et pratique lorsqu'il s'agit de passer à la mise en œuvre d'un programme d'enseignement d'une LE en termes d'application d'une théorie à la pratique. L'approche communicative intègre des éléments théoriques ; la difficulté consiste à situer à quel niveau intervient chacun de ces éléments et s'il est concevable d'utiliser des éléments de manière isolée. L'utilisation dans le domaine de la didactique des langues étrangères de certaines théories (venant de disciplines diverses) ou l'emprunt de certains concepts à ces mêmes disciplines ne se fait qu'à

---

(24) Moirand S. (1982): *Enseigner à communiquer en LE*, Hachette.

travers des réseaux de circulation de l'information entre les différents acteurs : chercheurs dans des disciplines telles que la linguistique, la sociolinguistique, la psycholinguistique..., didacticiens, méthodologues, formateurs, auteurs de manuels, enseignants.

Les écarts importants qui peuvent exister entre le discours sur la didactique du FLE et les pratiques dans la classe sur les manuels sont liés aux modes d'accès à l'information, aux circuits de formation et au rapport théorie/pratique, application d'une théorie ou théorisation d'une pratique.

Dans le cadre de l'approche communicative nous avons pu observer au niveau des rapports entre théorie et pratique trois modes de fonctionnement :

1. La didactique s'approprie un concept, celui de compétence de communication, et le fait évoluer. Il permet de classer en plusieurs catégories les objectifs d'enseignement d'une langue étrangère. Si ce concept fournit un cadre général, il est quelque peu simplifié dans les manuels (voir 2e partie).
2. La didactique du FLE ne retient à l'intérieur d'un ensemble de recherches qu'un élément isolé : c'est le cas du concept d'acte de parole qui devient autonome par rapport à un ensemble théorique plus large.
3. Le 3e type de fonctionnement pourrait être qualifié d'imprégnation ; c'est le cas des recherches menées sur l'analyse de discours qui sont plus ou moins présentes dans les manuels et les pratiques, par le biais des documents authentiques écrits.

Signalons enfin qu'il peut y avoir des tentations d'application d'une théorie, c'est le cas dans la méthode Charlirelle, *Behind the words* (25), application de la théorie de l'énonciation.

Nous nous demandons s'il n'y a pas, comme dans le cas des méthodes audiovisuelles, un processus inévitable de réduction au niveau des concepts théoriques dès lors qu'ils sont utilisés en didactique.

L'utilisation d'éléments théoriques dans la construction d'un cours de type communicatif et dans sa mise en œuvre se situe à différents niveaux :

— il peut s'agir de définir des contenus d'enseignement (Cf. le chapitre sur les inventaires) et de définir le type de langue enseignée ;

— le problème peut se poser en termes de priorités : entre syntaxe, sémantique, pragmatique ;

— il peut être question de sélectionner et de programmer des documents de travail (dans *Apprentissage linguistique et communication. op. cit.*, les documents peuvent être classifiés selon leur complexité dans une typologie des événements de communication), ou d'élaborer des grilles d'analyse de documents authentiques ;

— certains cadres théoriques fournissent des outils de travail sur des

---

(25) Charlirelle, *Behind the words* OCDL (1979).

problèmes de syntaxe et de sémantique qui pourront être abordés de manière plus rationnelle.

II.5. Les principes retenus dans l'approche communicative

■ **Enseigner la compétence de communication**

Le fait que la compétence de communication ne soit pas décrite de façon identique dans les différents modèles ne devrait pas constituer un obstacle à l'utilisation de ce concept en didactique des langues : « L'absence d'un modèle général unique ne constitue pas un désavantage pour l'étude de la compétence de communication par rapport à l'étude de la grammaire. » (26)

Il nous semble important, en revanche, qu'un programme d'enseignement d'une langue prenne en compte les différentes composantes de la compétence de commnunication :

— **la compétence linguistique** : exclure totalement cette composante (ce qui se fait parfois dans certains cours) semble irréaliste dans la mesure où l'apprenant qui ne la possède pas d'une façon minimale aura des problèmes pour communiquer. Cela dit, nous rejetons également l'hypothèse de travail qui pourrait se formuler de la façon suivante : puisque nous ne pouvons décrire la compétence de communication, il suffit d'enseigner la compétence linguistique et la compétence de communication sera donnée en plus (hypothèse des méthodes audiovisuelles). Dire que « la compétence de communication ne s'enseigne ni ne s'apprend » (27) nous paraît être une solution de facilité qui nie l'intérêt de certaines recherches actuelles dans ce domaine ;

— **la compétence sociolinguistique** : intégrer cette dimension dans un programme de langue, sensibiliser l'apprenant aux règles sociales d'utilisation de la LE, c'est justement lui permettre d'utiliser les énoncés adéquats à une situation donnée. En effet, la méconnaissance d'un certain nombre de règles sociales oblige l'apprenant à réutiliser celles qui fonctionnent dans sa propre communauté et qui, très souvent, ne correspondent pas à celles qui sont employées dans la communauté à laquelle il est confronté ;

— **la compétence discursive** : la sensibilisation de l'apprenant aux différents types de discours constitue également une condition de survie dans la LE : ainsi affirmer que l'on n'écrit pas comme on parle, que l'on n'écrit

---

(26) Hymes Dell H. (1984) : *Vers la compétence de communication*, CREDIF, Hatier LAL, p. 185.
(27) Verdelhan-Bourgade M. et alii (1983) : *Sans frontières* 1, CLE INTERNATIONAL, p. 6.

pas de la même façon une lettre administrative et une carte postale relève de l'évidence.

④ — **la compétence référentielle**: la méconnaissance d'éléments référentiels fait qu'une partie du sens d'un échange peut nous échapper. Ainsi la lecture d'un quotidien dans une langue que l'on domine n'est pas toujours évidente quand on ne possède pas un minimum d'informations pour comprendre;

⑤ — **la compétence stratégique**: cette composante de la compétence de communication pose problème dans la mesure où, dans les deux modèles cités [Canale-Swain (1980) et Moirand (1982)], elle semble toujours jouer un rôle différent des autres composantes:

- pour **Canale-Swain**, elle compense les manques au niveau de la compétence linguistique et de la communication sociolinguistique;
- pour **S. Moirand**, elle n'intervient que lors de l'actualisation de la compétence de communication.

Tenter de savoir si cette composante est individuelle ou non n'est peut être pas précisément la meilleure façon de l'intégrer à la compétence de communication. Pour **P. Charaudeau** (1980), elle fait partie de la compétence discursive.

P. Charaudeau définit une pratique d'analyse qui va « de la description de la situation langagière (compétence situationnelle), aux stratégies de texte (compétence discursive) en passant par l'observation des marques linguistiques (compétence linguistique) » (28).

■ **Travailler les différentes composantes de la compétence de communication.**

Prendre en compte les différentes composantes de la compétence de communication dans une perspective didactique pose plusieurs problèmes:

— il serait logique de travailler de manière simultanée sur les différentes composantes et sur leurs relations bien qu'elles soient mal définies;
— si la composante linguistique peut s'appuyer sur des descriptions théoriques, il n'en va pas de même pour la composante sociolinguistique;
— pour ce qui est de la composante discursive, les outils de description existent mais leur utilisation didactique n'est pas toujours évidente;
— enfin la composante stratégique est peu utilisée au niveau pratique tout au moins de manière explicite.

Ces difficultés de clarification théorique et de passage à des pratiques d'enseignement se traduisent concrètement par des tentatives éparses d'utilisation d'outil ou de méthode d'analyse en particulier pour l'utilisation des textes, mais n'aboutissent pas à des mises en œuvre de techniques de travail en particulier pour l'oral et les niveaux débutants.

---

(28) Charaudeau P. (1980): « Étude des stratégies de parole et enseignement en FLE », *Colloque de didactique du français langue seconde*, p. 17, Toronto, Canada.

■ Travailler sur le discours

Un des principes retenus qui permet de faire intervenir les différentes composantes de la compétence de communication est de privilégier comme support d'enseignement des documents qui présentent des échanges complets, ce qui permet d'intégrer plusieurs niveaux d'analyse et de mettre en relation les caractéristiques sociolinguistiques d'une conversation/d'un texte, les réalisations linguistiques, les stratégies de communication.

Ce principe reste cependant, dans la plupart des situations pédagogiques, théorique : la pratique de méthodologies antérieures, la difficulté d'intégrer des analyses parfois complexes, aboutissent souvent à se cantonner à des manipulations sur des énoncés isolés.

■ Privilégier le sens

Les recherches en sémantique et les apports de cette discipline ont un impact important dans le cadre de l'approche communicative qui se traduit par un recentrage sur le sens. En effet les méthodes précédentes accordaient plus d'importance à l'aspect syntaxique : progression à partir d'un inventaire de structures, acquisition d'une ou plusieurs structures par leçon. L'approche communicative, comme nous le verrons dans certains inventaires, essaie de mettre en relation sens et syntaxe dans les programmes d'enseignement.

Dans ses réalisations concrètes, force est de constater que l'approche communicative utilise fréquemment la théorie des actes de parole comme seule garantie d'un enseignement communicatif de la LE. « En gros, le constat sera que dans ses développements récents, la didactique s'est révélée plus sensible à ce que pouvait lui apporter l'étude des actes de parole qu'au parti à tirer de l'analyse de discours (29). »

Coste (1980) montre que s'établit au niveau méthodologique une dichotomie du type :

— l'approche communicative correspond à un public de débutants, donne la priorité à l'oral et traite l'aspect communicatif de la langue à travers les actes de parole ;

— pour un public d'apprenants avancés, le travail sera surtout centré sur l'écrit, et on aura recours à l'analyse de discours.

■ Enseigner la langue dans sa dimension sociale

Prendre en compte les travaux menés en sociolinguistique signifie essentiellement proposer comme objet d'étude une langue qui fonctionne dans la richesse de toutes ses variétés. À travers les documents, dialogues ou textes, les personnages mis en scène vont utiliser des registres de langue divers et avoir des rôles sociaux très variés.

Par ailleurs dans les activités et exercices proposés, il ne s'agit pas de

---

(29) Coste D. (1980) : « Analyse de discours pragmatique de la parole dans quelques usages d'une didactique des langues » dans *Applied Linguistics*, Vol. 1, n° 33, pp. 244-252.

LES APPORTS THÉORIQUES SOUS-JACENTS

faire acquérir à l'élève de manière automatique des formes mais toujours de le faire travailler sur des énoncés auxquels il pourra associer un sens. Enfin, le fait de privilégier le sens implique que l'on intègre dans un programme d'enseignement des phénomènes complexes, l'implicite, par exemple, que véhicule toute langue.

Le flou qui existe dans le cadre de l'approche communicative s'explique sans doute par l'hétérogénéité des apports théoriques. Rappelons cependant que les théories sont intégrées de manière variable et à différents niveaux. Il reste vrai que certaines lignes de force se dégagent par rapport à ces apports théoriques : **enseigner une compétence de communication, appréhender le discours dans sa dimension globale, privilégier le sens.**

III. DE NOUVEAUX OUTILS POUR L'ÉLABORATION DE PROGRAMMES D'ENSEIGNEMENT

Les travaux d'un groupe d'experts réuni par le Comité de l'éducation extra-scolaire et du développement culturel du Conseil et de la Coopération Culturelle du Conseil de l'Europe, a eu une influence sur les programmes d'enseignement des langues vivantes et contribue à la promotion d'une approche de type communicatif.

Ces travaux, menés à partir de 1971, apportent des modèles et outils pour l'élaboration de matériaux didactiques au niveau :
— de l'analyse des besoins des adultes ;
— de l'organisation des programmes ;
— des contenus d'enseignement permettant d'atteindre un seuil minimal de communication dans la langue étrangère.

Ce groupe d'experts fait également des propositions pour la mise en place d'une coordination pour l'enseignement des langues vivantes au niveau européen.

L'ensemble de ces travaux participe à un mouvement de **centration sur l'apprenant**. « Équivalent de l'anglais "learner", le mot **apprenant** répond à une double exigence :

1) proposer un terme plus générique qu'élève ou étudiant qui ne conviennent guère, par exemple, aux adultes en formation permanente ;
2) manifester (au moins dans les mots) un certain "recentrage sur l'enseigné" : ce dernier (l'enseigné) pouvant justement être qualifié d'une autre manière que par rapport à "l'enseignement" et dans une relation à celui-ci autre que de dépendance grammaticale (1). »

La prise en compte de l'apprenant dans une démarche qui consiste à identifier des besoins → définir des objectifs → définir des contenus → choisir des supports pédagogiques, correspond à ce que l'on identifie comme enseignement fonctionnel du français. Ce type d'approche n'est pas éloignée de l'approche communicative bien que le sens de « fonctionnel » (français fonctionnel) renvoie souvent à la langue de spécialité (2).

Le terme « fonctionnel » est parfois employé dans le sens anglo-saxon dans l'expression « notionnel-fonctionnel » et renvoie alors aux contenus d'enseignement : notions et fonctions. Ces différentes acceptations provoquent un certain flou terminologique.

---
(1) Coste D., Galisson R. (1976): *Dictionnaire de didactique des langues*, Hachette, p. 41.
(2) Voir l'article de Porcher L.: « Monsieur Thibault et le Bec Bunsen » dans *ELA* n° 23, Didier.

III.1. L'analyse des besoins

À l'inverse de méthodes dans lesquelles tout est défini à l'avance, l'analyse de besoins procède d'une approche systémique qui tend à répondre à des besoins de formation pour des publics divers à la fois dans leurs objectifs, dans leurs habitudes d'apprentissage, dans leur fonctionnement communicatif et culturel. Les méthodes dites universalistes ne prennent en compte que le critère d'âge comme facteur de différenciation (enfants-adolescents-adultes) et parfois la langue maternelle des élèves.

L'analyse de besoins consiste à recueillir des données dans différents domaines concernant l'apprenant par le biais d'outils tels que le questionnaire, l'enquête, l'entretien qui sont utilisés surtout en sciences sociales.

L'analyse de besoins tente de déterminer de façon assez précise qui est l'apprenant en termes d'identité, de niveau d'études, de personnalité, etc., la façon dont il envisage d'apprendre une langue, quels sont ses objectifs, dans quels domaines et comment il utilisera la langue étrangère, quelles aptitudes il souhaite développer (compréhensions orale et écrite, expressions orale et écrite).

Chancerel et **Richterich** (3) proposent un modèle d'identification des besoins avant et pendant l'apprentissage, sous forme de questionnaires. Si certains points sont discutables (par exemple, ce qui concerne les traits de personnalité de l'apprenant : réservé, ouvert, timide, aventureux, introverti, extraverti, confiant, soupçonneux), la détermination des domaines d'utilisation et des types d'utilisation de la LE permet dans l'élaboration d'un cours de répondre de manière précise à ce type de besoins. Cependant, l'analyse de besoins pose certains problèmes :

— il est important que l'apprenant lui-même soit impliqué dans ce processus de définition des besoins. En effet, si c'est l'institution, voire l'employeur qui procède à cette analyse, on risque d'enfermer l'apprenant dans des objectifs d'apprentissage qui ne sont pas forcément les siens. On cherche alors à lui faire acquérir une compétence restreinte ;
— il peut y avoir une divergence entre les besoins définis par l'institution et par les apprenants. Le dispositif doit donc prévoir ce problème ;
— les besoins des apprenants évoluent en cours d'apprentissage, il est donc nécessaire de pouvoir procéder à des réajustements par rapport aux besoins définis avant l'apprentissage (4) ;

---
(3) Chancerel, J.L., Richterich R. (1977) : *L'identification des besoins des adultes apprenant une langue étrangère*, Conseil de l'Europe.
(4) Voir l'article de Porcher L. : « Une notion ambiguë : les besoins langagiers » dans *Cahier du CRELEF* n° 3.

— les procédures d'analyse elles-mêmes peuvent parfois paraître très lourdes par rapport aux résultats obtenus.

Bien que l'on puisse formuler plusieurs critiques par rapport à l'analyse de besoins ou s'interroger sur le bien-fondé de cette démarche, il est évident qu'elle permet de mieux prendre en compte l'apprenant avec toutes ses caractéristiques.

« Un processus d'apprentissage, ponctuel ou à long terme, systématique ou momentané, est toujours un phénomène global, dans lequel celui qui apprend (singulier ou pluriel) est inévitablement plus important que ce qu'il a à apprendre.

Déterminer les besoins doit donc consister essentiellement à définir ce qui constitue l'apprenant : ses motivations, son environnement culturel, les objectifs qu'il poursuit, les attentes qu'il manifeste, les conditions de son existence (temps dont il dispose pour apprendre, contexte institutionnel au sein duquel il se situe, etc.) » (5)

En fait, le dispositif à mettre en place doit permettre de recueillir des informations sur le passé linguistique de l'apprenant, sur ses attitudes, perceptions, représentations par rapport à la langue étrangère ; analyser les facteurs de motivation de l'apprenant est également important. Comme nous l'avons vu, l'analyse des besoins avant l'apprentissage est lié à la mise en place d'un dispositif qui en cours d'apprentissage donnera des indications sur l'évolution des besoins, attitudes, représentations de l'apprenant.

La conséquence logique de l'analyse de besoins est de proposer des matériaux d'apprentissage souples, adaptés aux différents publics et catégories d'apprenants.

Louis Porcher, dans le même article (5), insiste sur la flexibilité des matériaux d'apprentissage.

III.2. Les inventaires

Quand on définit l'approche communicative par rapport aux méthodes précédentes, on le fait souvent par rapport aux contenus d'enseignement ; de façon schématique, le passage se fait entre un contenu défini en termes de structures et un contenu défini en termes de fonctions de communication.

■ **Une mise au point terminologique : fonctions et notions.**

Il nous semble indispensable d'éclaircir un problème de terminologie.

---

(5) Louis Porcher (1978) : Didactique des langues et communication sociale dans *Psychologie, langage et apprentissage*. Coll. Vic, CREDIF, Didier, p. 167.

Le concept de fonction dans le *Dictionnaire de didactique des langues* est défini de la façon suivante (6):

« On appelle " fonctions langagières " (" language functions " en anglais où l'expression est d'usage plus répandu qu'en français), les opérations que le langage accomplit et permet d'accomplir par sa mise en œuvre dans une praxis relationnelle à autrui et au monde. Les fonctions sont alors définies et analysées dans le déroulement même des événements de parole et à un niveau beaucoup moins microscopique que dans les analyses de Martinet ou de Jakobson. A bien des égards, le rapport est plus étroit avec des concepts comme celui d'acte de langage, utilisé en particulier par le philosophe **Austin**. »

Si la base des différents inventaires (*Notional Syllabuses*: Wilkins, *Waystage*: Van Ek, *Niveau-Seuil:* Coste et alii) est constituée par les fonctions de communication, les termes employés et les façons de délimiter les différents contenus sont variables.

NOTIONAL SYLLABUSES	WAYSTAGE	NIVEAU-SEUIL
		domaines
fonctions de communication	fonctions de communication	actes de parole
catégories sémantico-grammaticales	notions générales notions spécifiques	notions générales notions spécifiques
modalités		grammaire

On peut constater que les deux catégories: **fonctions de communication** ou **actes de parole, notions générales** ou **catégories sémantico-grammaticales** sont communes aux trois inventaires. Ce sont effectivement ces deux catégories qui sont principalement réutilisées dans l'élaboration des manuels ou méthodes.

La difficulté qu'il y a à définir les contenus en termes de fonctions de communication apparaît également dans la manière de nommer et de délimiter les différentes fonctions de communication. Nous en avons des exemples dans **Notional Syllabuses** et **Waystage**.

---

(6) Coste D., Galisson R. (1976): *Dictionnaire de didactique des langues*, Hachette, pp. 226-227.

— **Notional Syllabuses** (7)
- **catégories sémantico-grammaticales**
(temps, quantité, espace, expression des entités, deixis)
- **modalités**
- **catégories de fonctions de communication**
1. juger, évaluer (jugement, évaluation);
2. dire de faire (persuasion);
3. argumenter (argument);
4. organisation rationnelle de la pensée et du langage (rational enquiry and exposition);
5. exprimer des émotions personnelles (personal emotions);
6. relations émotionnelles (emotional relations).

— **Waystage** (8) *Treshhold level.*
- **fonctions de communication**
1. donner, recevoir une information partielle (imparting and getting partial information);
2. exprimer des attitudes intellectuelles (expressing and finding out intellectual attitudes);
3. exprimer des attitudes émotionnelles (expressing and finding out emotional attitudes);
4. exprimer des attitudes morales (expressing moral attitudes)
dire de faire (persuasion);
5. socialiser (socialising).
- **Notions générales:**

existence	qualité
espace	activités mentales
temps	relations
quantité	deixis

En fait dans *Notional Syllabuses* et dans *Threshold Level* ou *Waystage*, on retrouve plus ou moins les deux catégories:

- fonctions de communication (ou actes de paroles);
- notions ou catégories sémantico-grammaticales.

Ces inventaires sont établis à peu près de la même façon, dans la colonne de gauche, les catégories et leurs subdivisions, dans la colonne de droite, des énoncés, des structures qui vont réaliser les fonctions de communication, des listes d'énoncés ou de mots pour les notions ou catégories sémantico-grammaticales. En fait comme le précise **Wilkins** (1976) dans l'introduction du *Notional Syllabuses*, le syllabus notionnel est une stratégie pour structurer la manière à enseigner/apprendre.

---

(7) Wilkins, DA (1973): *Contenu linguistique et situationnel du tronc commun d'un système d'unités capitalisables d'un système d'apprentissage de langues vivantes par les adultes*, Conseil de l'Europe.
(8) Van Ek; Ja, Alexander LG (1977), *Waystage*, Conseil de l'Europe. *Waystage* signifie palier pour atteindre le Niveau-Seuil (*Threshold Level*).

— **Le Niveau-Seuil** Treshhold level.

Le Niveau-Seuil français comprend les parties suivantes : (9)
- Approche d'un Niveau-Seuil
- Publics et domaines
- Actes de parole
- Grammaire
- Notions
- Un index général

Au niveau théorique, *Un Niveau-Seuil* s'appuie largement sur les développements récents de la linguistique de l'énonciation, de la sémantique et de la sociolinguistique. (10)

Les auteurs signalent que les inventaires, en ce qui concerne les notions et les actes de parole ont été établis de façon subjective ; il faudra donc en tenir compte et ne pas considérer qu'*Un Niveau-Seuil* établit la liste des contenus à enseigner de façon scientifique pour tous les publics. Dans sa présentation, **Roulet** (1977) le définit bien comme « un outil de référence » « *Un Niveau-Seuil* ne peut prescrire une norme absolue, constituer la définition canonique d'un objectif minimal pour tous les adultes visant l'acquisition de la compétence de communication en français (11). »

Même s'il est évident qu'*Un Niveau-Seuil* ne peut être applicable tel quel pour l'élaboration de méthodes ou de matériaux pédagogiques, son utilisation par le méthodologue ou l'enseignant n'est pas toujours aisée. La difficulté majeure vient du fait qu'il n'est pas toujours facile d'en extraire des contenus d'enseignement et de les organiser à partir des 3 sections : actes de parole, notions, grammaire.

« Cependant, en mettant au premier plan de la description du français les actes de communication et en subordonnant à ceux-ci les formes linguistiques qui peuvent les réaliser, on fait un pas important dans la compréhension et l'enseignement de l'emploi de notre langue (12). »

En fait ce sont les utilisations méthodologiques d'*Un Niveau-Seuil* qui posent problème, même si les exemples donnés par **Roulet** (1977) sont parfaitement clairs (13). Mais le fait qu'*Un Niveau-Seuil* ait servi de base

---

(9) Coste D., Courtillon J., Ferenczi V., Martins-Baltar M., Papo E., Roulet E. (1976) : Un Niveau-Seuil, Conseil de l'Europe. Pour la présentation d'un Niveau-Seuil, les deux articles de référence sont :
Roulet E. (1977) : « Un Niveau-Seuil : présentation et guide d'emploi », Conseil de l'Europe.
Coste D. (1977) : « Un Niveau-Seuil » dans LFDM, 126. Pour une présentation plus critique d'Un Niveau-Seuil voir également : Coste D. (1976) : « Décrire et enseigner une compétence de communication, remarques sur quelques solutions de continuité », dans E. Roulet et H. Holec (1976) : L'enseignement de la compétence de communication en langues secondes, Université de Neuchatel.
(10) Courtillon J., Papo E. : « Le Niveau-Seuil établi pour le français peut-il renouveler la conception des cours (audiovisuels) pour débutants ? » dans FDM, n° 133.
(11) Roulet E. : *op. cit.*, pp. 4-5.
(12) Roulet E. (1973) : « Pour une meilleure connaissance du français à enseigner » dans *FDM*, n° 100 : Vers l'An 2000.
(13) Roulet E. (1977) : *Un Niveau-Seuil, Présentation et guide d'emploi*, Conseil de l'Europe.

à des matériaux didactiques très divers ne peut être considéré que comme positif.

Les auteurs eux-mêmes posent d'ailleurs le problème de l'application d'*Un Niveau-Seuil* : « Nous ne saurions dire qu'*Un Niveau-Seuil* fournit un modèle théorique, fondé sur l'activité du langage, qui soit immédiatement applicable en méthodologie. D'ailleurs tout modèle qui aurait de semblables prétentions serait utopique. Du moins, nous pensons qu'en offrant un nouveau regard sur la nature des contenus linguistiques, *Un Niveau-Seuil* devrait permettre une meilleure compréhension des problèmes posés par l'acquisition d'une langue étrangère vue sous l'angle de la compétence de communication (14). »

En dehors des problèmes évoqués ci-dessus, nous voudrions revenir sur l'inventaire des actes de parole proposé par **M. Martins-Baltar** (1976). Sans vouloir traiter ce point d'une façon polémique (15), cet inventaire appelle plusieurs remarques.

Il se divise en quatre parties :
- les intentions énonciatives ;
- les actes de parole d'ordre 1 ;
- les actes de parole d'ordre 2 ;
- les pratiques discursives.

L'inventaire des actes de parole appelle l'attention du lecteur sur l'aspect énonciatif du langage. La dernière partie met en évidence des faits relevant du discours.

Les deux parties sur les actes de paroles (*d'ordre 1* quand il s'agit d'actes apparaissant seuls, *d'ordre 2* quand il s'agit d'actes venant à la suite d'un autre acte), proposent dans la colonne de gauche *les actes de parole*, dans celle de droite *des listes d'énoncés*, réalisations de ces actes.

Il y aurait beaucoup à dire sur la façon dont sont classés les actes de parole, sur les réalisations proposées et la manière de les caractériser (voir, par exemple, l'utilisation de *Fam* suivant certains énoncés ; ainsi dans *désapprouver, reprocher, protester* « Ah non ! » est classé comme « familier » !). Malgré toutes les précautions prises par l'auteur, cette partie semble mettre en avant l'idée que l'acte se réalise au niveau de la phrase et ne propose rien sur la façon dont s'enchaînent les actes.

Il peut en effet y avoir une façon d'appliquer cette catégorisation qui aura pour effet de substituer dans une méthode des actes de parole aux structures (16).

C'est bien ce danger que signale Maley (1980) : « Prise dans sa forme la

---

(14) Courtillon-Leclercq J., Papo E. : *op. cit.* en (15).
(15) La polémique entre Heddeisheimer C., Lagarde J.P. et Martins-Baltar M. ne nous semble pas très intéressante dans une perspective pédagogique, *ELA*, n° 35, 1979.
(16) Beacco J.C. (1980) : « Ralentir, travaux », dans *Anthobelc, 2*, p. 13.

plus naïve cette application ne fait que remplacer les structures par des fonctions (17).»

Et il existe effectivement des méthodes qui prennent le problème de cette manière.

Il est surprenant que dans cette entreprise de description qu'est *Un Niveau-Seuil* (qui s'appuie sur la sociolinguistique), rien ne soit proposé sur le problème de la succession des actes (18).

Cependant il serait injuste de dire que les auteurs d'*Un Niveau-Seuil* ont oublié ce problème :

« Le *Niveau Seuil* s'en tient aux actes de parole, aux notions et à l'inventaire indicatif de quelques macro-situations de communication ; il ne dit rien — ou presque — des événements de parole et des conditions sociolinguistiques et textuelles de leur fonctionnement (19).»

Pour résumer, *Un Niveau-Seuil* : outil de référence ? Certainement, tout en sachant qu'il devra être utilisé avec précaution. Il est également important de savoir que ce n'est pas le seul type de syllabus : « Cette situation risque d'ailleurs de donner lieu à des confusions dommageables ; la perspective *Niveau-Seuil* (et travaux annexes), qui a été présentée comme une actualisation de l'approche communicative, ne saurait être tenue pour la seule possibilité (20).»

■ **Bilan sur les inventaires**

Il est indéniable que les inventaires peuvent servir de cadre de référence pour dégager des contenus d'enseignement accordant la priorité à la compétence de communication, en regroupant les énoncés par rapport à ce qu'ils servent à faire dans la langue étrangère.

Par ailleurs, la notion de catégories sémantico-grammaticales permet de lier sens et syntaxe, de montrer qu'on peut exprimer une notion à travers des moyens syntaxiques divers. Nous constatons également que selon les influences théoriques (pragmatique-énonciation-ethnographie de la communication), c'est tel ou tel aspect du langage qui sera privilégié. Le flou des classifications et la complexité de maniement d'un inventaire comme le *Niveau-Seuil* ne doivent pas constituer un obstacle à leur utilisation didactique.

■ **Utilisation des inventaires**

Une autre façon d'éclairer le problème consiste à examiner sur le

---

(17) Maley A. (1980) : « L'enseignement de la compétence de communication : illusion du réel et réalité de l'Illusion », dans *FDM*, n° 153, p. 59.
(18) Sur ce point, on pourra consulter un exemple : Ervin-Tripp S. (1972) : « On sociolinguistics rules : alternation and coocurrence », dans Gumperz et Hymes, *Directions in sociolinguistics : the ethnography of communication*.
(19) Coste D. (1976) : « Décrire et enseigner une compétence de communication, remarques sur quelques relations de continuités » dans Roulet E. et Holec H. : *L'enseignement de la compétence de communication en langues secondes*, Université de Neuchâtel, p. 41.
(20) Beacco, J. C : *op. cit.*, p. 13.

terrain, c'est-à-dire dans le domaine de l'élaboration de matériaux pédagogiques, comment est traité le problème des inventaires. Schématiquement, on peut résumer la situation de la façon suivante :

MAV	Approche communicative
structures + lexique	(macro)actes de parole *fonctions* + catégories sémantico-grammaticales

(**Macro-acte**: ce concept correspond mieux à **fonctions** et regroupe certains actes assez proches, ce qui simplifie au niveau didactique.)

Dans le cas de **l'approche communicative, c'est la relation entre les actes de parole, leurs réalisations et la grammaire qui pose problème**.

— **Alexander** (21), en dehors du schéma structural, distingue quatre types d'organisation possibles du contenu :

1. Le schéma fonctionnel : Il est composé exclusivement d'actes de langage, il ignore les articulations grammaticales. **Alexander** rejette ce schéma puisqu'on ne peut pas communiquer sans manipuler l'appareil grammatical.

2. Le schéma fonctionnel/structural : Il privilégie l'enseignement grammatical. « On pourrait envisager un schéma qui aurait des objectifs d'ordre grammatical traités selon les procédés behavioristes, l'insistance portant sur la fonction du système grammatical et non pas sur la grammaire en elle-même (22). » Cette proposition sera discutée ensuite.

3. Le schéma structural/fonctionnel : « Un petit peu de tout en même temps (23). »

4. Les aires thématiques : Il s'agit là de partir d'un thème, dans le sens d'un macro-acte par exemple : trouver son chemin et tout ce qui est mis en jeu par ce thème.

Le problème posé est la détermination des aires thématiques et la cohérence de l'ensemble du programme.

Ces propositions d'**Alexander** mettent en évidence le fait que la difficulté réside dans l'articulation entre actes de parole et contenu grammatical.

Cette difficulté est souvent traitée dans les méthodes par la mise en place de deux types de contenus plus ou moins reliés entre eux et de deux

---

(21) Alexander L.G. (1977): *De quelques incidences du « Waystage » et du « Threshold Level » en matière de méthodologie*, Conseil de l'Europe.
(22) Alexander L.G. (1977): *op. cit.*, p. 12.
(23) Alexander L.G.: *op. cit.*, p. 13.

types de progression ayant une certaine autonomie l'une part rapport à l'autre :
- une progression structurale de même type que celle qu'on trouve dans les MAV ;
- l'introduction en parallèle d'un contenu fonctionnel/notionnel.

Plusieurs didacticiens refusent un inventaire de type communicatif (notionnel-fonctionnel), dans la mesure où il introduit une désorganisation au niveau des formes. Nous retrouvons là une opposition du même type que l'opposition **compétence de communication/compétence linguistique** qui se formule dans l'opposition **inventaire communicatif/inventaire structural.** Johnson (24) défend le principe selon lequel il est plus efficace pour des débutants de s'appuyer sur un inventaire structural en mettant en cause la validité des inventaires de type communicatif et en insistant sur le fait que l'aspect comunicatif passe plus par la méthodologie que par l'inventaire.

« Il y a des doutes en ce qui concerne la validité des inventaires sémantiques pour élaborer un cours... le fait qu'un cours soit ou non communicatif dépend plus de sa méthodologie que du pedigree de son inventaire. »

(There are doubts concerning the validity of semantic syllabuses for any course design... whether or not a course is « communicative » will depend as much on its methodology as on the pedigree of its syllabuses.) Cette position incite l'auteur à défendre un inventaire de type structural.

— Dans ce débat, tous les panachages sont possibles ; ainsi **Gremmo** (1978) propose (25) : « d'un côté des modules dits **situationnels**, par exemple : "relations avec la police" "comment se débrouiller dans un supermarché", de l'autre des modules proprement **fonctionnels** : "inviter, demander de l'information sur la langue, proposer, suggérer." »

Pour conclure, il nous semble qu'une approche communicative peut proposer des contenus reliant objectifs communicatifs et catégories sémantico-grammaticales, il nous semble également que la juxtaposition de deux types de contenus et parfois de deux types de méthodologie n'est pas toujours la meilleure solution. Cependant nous insisterons sur le fait que ce problème ne peut être traité que s'il est mis en relation d'une part, avec les problèmes de progression et d'organisation du contenu et d'autre part, avec les stratégies **d'apprentissage/enseignement** proposées à l'apprenant.

---

(24) Johnson K. (1982) : *Communicative syllabus design*, Pergamon Press, pp. 106-114.
(25) Gremmo M.J. (1978) : « Apprendre à communiquer : compte rendu d'une expérience d'enseignement du français » dans *Mélanges Pédagogiques*, CRAPEL, Nancy II.

IV. L'APPRENTISSAGE

IV.1. La progression

Le mouvement qui s'est opéré en faveur d'un centrage sur l'apprenant a également permis de considérer différemment les problèmes de progression.

— Les méthodes audiovisuelles (MAV) partaient de deux hypothèses :
1. tout ce qui est enseigné est acquis pour l'élève ;
2. pour faire acquérir de manière efficace la matière enseignée, il faut l'enseigner découpée, en proposant d'aller du simple vers le complexe.

Cette conception pose problème : il est malaisé de définir ce qui est simple et ce qui est complexe pour l'apprenant ; ceci n'est fait en général que par rapport à la langue enseignée. On peut ailleurs se rendre compte dans la progression des MAV que l'appréciation du simple et du complexe est très subjective. Ainsi dans *De Vive Voix*, on pourrait se demander s'il est plus simple d'acquérir les doubles pronoms ou les temps du passé ; il est évident que l'ordre choisi dans certaines MAV a été calqué sur les grammaires traditionnelles, et que les besoins en communication des apprenants n'ont pas été pris en compte ; ainsi il est certainement plus urgent pour l'apprenant de pouvoir relater ce qu'il a fait que d'utiliser les doubles pronoms.

La progression des MAV, conçue de façon très rigoureuse devait permettre à l'apprenant d'acquérir la langue étrangère (LE) en ne produisant que des énoncés corrects.

Cette dernière hypothèse s'est révélée fausse ; en effet, l'apprenant produit des erreurs et ces erreurs peuvent être considérées positivement : elles fournissent des indications sur le système que se construit l'apprenant, sur sa grammaire interne et sur ses démarches apprentissage.

« Enfin (et c'est là, en un sens, le plus important), elles [les erreurs] sont indispensables à l'apprenant, car on peut considérer l'erreur comme un procédé utilisé par l'apprenant pour apprendre. C'est pour lui une façon de vérifier ses hypothèses sur le fonctionnement de la langue qu'il apprend. Faire des erreurs, c'est alors une stratégie qu'emploient les enfants dans l'acquisition de leur L1, et aussi les apprenants de LE (1). »

— Dans le cadre de l'approche communicative le problème de la progression se pose de la façon suivante :

---

(1) Voir sur ce point *Langages* n° 57, Larousse, 1980. En particulier l'article de Corder P., « Que signifient les erreurs des apprenants ? », p. 13, traduction de C. Perdue et R. Porquier.

une progression de type fonctionnel-notionnel est quasiment inconciliable avec une progression grammaticale rigoureuse. Ceci ne veut pas dire pour autant qu'une telle approche négligera l'aspect grammatical. En effet, une même structure va apparaître en liaison avec plusieurs actes de parole.

Par ailleurs, il est tout à fait possible d'effectuer des regroupements sur un point de grammaire.

— L'appréciation du temps dans le processus d'apprentissage est importante : l'apprenant peut être exposé plusieurs fois à un même problème grammatical ; on ne considérera pas pour autant que ce point est acquis. A certains moments de l'apprentissage, la nécessité peut apparaître de réfléchir de manière explicite sur tel ou tel problème.

— La difficulté ne vient pas du type de contenus : grammaire ou actes de parole et notions, mais plutôt du lien entre ces différents éléments et de la conception de la progression : on peut trouver des progressions didactiques de type cumulatif à partir d'actes de parole.

Il s'agit plus de mettre en place un processus suffisamment souple pour que l'apprenant puisse y entrer. Ceci signifie que chaque point est abordé en plusieurs étapes et que l'itinéraire entre ces étapes peut être modifiable selon la progression des apprenants (2).

Nous pourrions schématiser cela de la manière suivante :

1) **Progression cumulative**

1	2	3	4	5

Structure 1... (ou acte 1)
Les structures s'ajoutent les unes aux autres avec un ordre préétabli ; il y a peu de retours en arrière possibles et il existe une étanchéité entre les divers éléments.

2) **Progression en spirale**

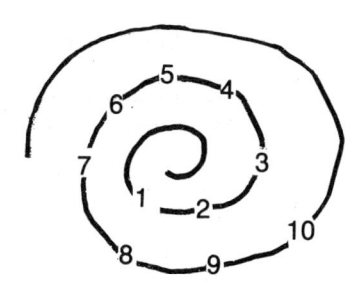

---

(2) Voir Galisson (1980) : *D'hier à aujourd'hui, la didactique générale des langues* étrangères, CLE INTERNATIONAL, pp. 46-47.

La progression est en spirale, un acte de parole est présenté puis un autre, on revient sur le premier pour le reprendre et le compléter. Dans ce cas-là, les éléments ne s'ajoutent pas, on considère qu'il y a plusieurs phases de travail et qu'il y a élargissement et approfondissement des actes traités.

La tendance actuelle quant à la conception des matériaux didactiques semble plutôt aller vers l'élaboration de dossiers, de modules qui permettent un travail à géométrie variable et semble rejeter les méthodes où tout est prévu et organisé de la leçon 1 à la leçon X. Cette approche permet de choisir des itinéraires selon le groupe d'apprenants, leurs caractéristiques, leurs motivations, la durée et la situation d'apprentissage, etc.

— Pour résumer on peut dire que la progression dans un cours de type communicatif se caractérise par :

- sa souplesse, sa non-linéarité ;
- l'attention portée à l'apprentissage par rapport à l'enseignement.

Dans la pratique, c'est la plupart du temps un compromis entre deux éléments :

- les contenus classifiés par des outils type *Niveau-Seuil* ;
- les besoins et les motivations des apprenants, pris dans un sens large.

Pour que ce type de progression puisse fonctionner, elle doit forcément inclure l'évaluation. En effet, la progression ne peut être réorientée qu'en se donnant les moyens de situer l'apprenant par rapport aux objectifs d'enseignement et en lui donnant les moyens (auto-évaluation) de se situer par rapport à ses objectifs d'apprentissage et par rapport aux autres membres du groupe dans le cas d'enseignement collectif.

Puisque c'est essentiellement l'enseignant qui gère la progression interne au niveau du choix des objectifs d'enseignement, il est capital que l'apprenant puisse aussi agir sur la progression : ordre d'apparition des éléments, retour nécessaire sur un élément, approfondissement d'un élément.

IV.2. L'analyse de productions des apprenants

L'approche communicative accorde une place importante aux productions des apprenants dans le sens où elle essaie de favoriser ces productions : donner à l'apprenant des occasions multiples et variées de produire dans la langue étrangère, l'aider à surmonter ses blocages, ne pas le corriger systématiquement...

Dans les productions de l'apprenant, les erreurs indiquent qu'un processus actif est en cours. D'abord considérées comme des interférences avec la langue maternelle, dans une vision où l'élève passait de la langue maternelle à la langue étrangère, elles donnent des indications sur ce qui est appelé **interlangue, systèmes intermédiaires** (3).

L'APPRENTISSAGE

Ces processus sont [d'acquisition par erreurs] :
— le transfert d'éléments de la L 1 ;
— le transfert d'apprentissage (dû à l'exposition à la langue à travers la méthodologie, le manuel, le professeur) ;
— les stratégies d'apprentissage ;
— la surgénéralisation de règles de la langue-cible.

Plusieurs de ces éléments peuvent intervenir pour expliquer telle ou telle erreur d'un apprenant.

« Analyser les erreurs — ou plus exactement les performances des apprenants — c'est considérer leurs usages de la langue cible comme des ensembles de trous renvoyant à leurs connaissances intermédiaires — réputées constituer un système linguistique appelé "interlangue" — et aux stratégies d'acquisition et de communication qui lui sont liées (4). »

« Il est par conséquent complexe et peut-être hasardeux de vouloir procéder à une analyse détaillée des erreurs de l'apprenant d'un point de vue didactique » (**Corder**, 1980). Au niveau théorique, l'analyse d'erreurs ne peut s'effectuer de manière ponctuelle, elle ne peut intervenir que sur des études longitudinales. (sur longue période.)

Dans le discours de l'apprenant, on peut retrouver des éléments qui renvoient **soit à la langue maternelle (LM), soit à la langue étrangère (LE), soit à l'apprentissage.**

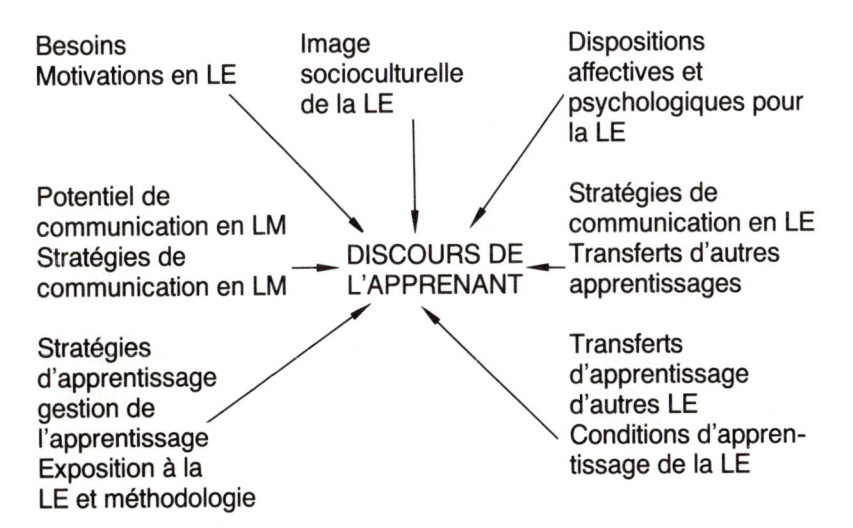

Besoins Motivations en LE	Image socioculturelle de la LE	Dispositions affectives et psychologiques pour la LE
Potentiel de communication en LM Stratégies de communication en LM	→ DISCOURS DE ← L'APPRENANT	Stratégies de communication en LE Transferts d'autres apprentissages
Stratégies d'apprentissage gestion de l'apprentissage Exposition à la LE et méthodologie		Transferts d'apprentissage d'autres LE Conditions d'appren- tissage de la LE

---

(3) Des méthodes pour publics avancés de type audiovisuel comme *Interlignes*... incluent des activités de conceptualisation c'est-à-dire à partir d'un corpus d'énoncés de réflexion pour amener les élèves à trouver une règle de fonctionnement.
(4) B. Py (1984): « L'analyse contrastive : histoire et situation actuelle », dans FDM 185, Hachette Larousse, p. 37.

D'un point de vue pratique, une analyse globale des productions des apprenants donne des indications sur des points de syntaxe, de phonétique ou sur des éléments communicatifs et permet d'orienter ou de réorienter les contenus d'enseignement. Les informations que l'enseignant pourra obtenir à partir de ces analyses lui permettront de jouer un rôle de guide ou de conseiller auprès de l'apprenant. Cette analyse-évaluation peut être réalisée par l'enseignant, mais elle peut également être faite par les apprenants eux-mêmes, à condition que l'apprenant puisse prendre du recul et être habitué à une attitude réflexive sur ses productions et celles de ses pairs (enregistrements, analyses de productions...).

IV.3. Connaissance implicite/explicite

Cette analyse du comportement langagier de l'apprenant permet également d'orienter et de doser les activités qui mettent en jeu :
— une connaissance implicite que l'apprenant a de la LE
— une connaissance explicite de la LE.

Ceci devrait concerner à la fois les règles relevant de la compétence linguistique (syntaxe-phonétique-sémantique) et les règles relevant de la compétence de communication (règles sociolinguistiques-stratégies de communication).

À travers les différentes méthodes, l'évolution des rapports entre connaissance explicite et connaissance implicite de la langue étrangère peut se résumer de la manière suivante :

— **Méthodes traditionnelles** : la connaissance explicite des règles de la LE est privilégiée : l'élève apprend la règle, il doit donc dominer le métalangage utilisé dans la formulation des règles, et il applique ensuite la règle dans des exercices puis dans des productions libres.

— **Méthodes audiovisuelles** : l'élève acquiert de manière plutôt mécanique à partir de modèles qu'il reproduit, les structures de la langue étrangère. Il se construit son système sans qu'interviennent des activités d'explication.

Ces deux manières de fonctionner relèvent de modèles plutôt passifs. Il semble que l'approche communicative privilégie une alternance entre activités faisant appel à l'implicite et à l'explicite et prévoit des activités de présentation du matériel linguistique, de systématisation, d'expression mais également de réflexion sur le fonctionnement de la langue (5).

---

(5) Véronique D. (1984): « Apprentissage naturel et apprentissage guidé », dans *FDM* 185, pp. 45-52.

Cette volonté de fonctionner à partir d'un modèle actif et plus dynamique ne va pas sans difficultés : « Des activités sur les représentations métalinguistiques, apanage de l'enseignement scolaire, ne sont pas à proscrire mais il serait souhaitable qu'elles interviennent à des moments où les productions des élèves manifestent qu'une appropriation est en cours, pour accélérer et éventuellement piloter celle-ci. Cela suppose une attention à la parole des élèves, exigence qui peut, selon les contraintes institutionnelles, être difficile à réaliser dans les faits » (Véronique, 1984).

Les difficultés se situent à plusieurs niveaux :

— il n'est pas toujours aisé de déterminer le moment auquel doivent intervenir ces activités métalinguistiques pour qu'elles facilitent l'acquisition ;
— dans certaines situations (effectifs lourds-compétence de l'enseignant dans la langue qu'il enseigne) une démarche de ce type semble peu réaliste.

Concrètement, ce type de démarche implique que l'analyse des productions des apprenants et l'explicitation de leurs difficultés constituent des éléments déterminants pour la programmation du cours et pour le choix des activités métalinguistiques. Ceci signifie que le cours se construit en fonction du groupe d'apprenants et que l'enseignant dispose de matériel pédagogique qui permet d'organiser un ensemble didactique en fonction des difficultés rencontrées par les apprenants et non en fonction de la matière à enseigner. Il est cependant évident que certains problèmes sont prévisibles. Par exemple, pour un groupe d'hispanophones, il est probable que certaines difficultés phonétiques seront à traiter : intonation ; /y/, /u/, /b/, /v/, voyelles nasales. Il est également prévisible, sur un plan communicatif, que le choix entre l'emploi de « tu » et « vous » posera problème puisqu'il ne correspond pas à l'exemple de « tu » et « usted » en espagnol. Pour ce type de problèmes, il n'est pas nécessaire de procéder à une analyse d'erreurs ; pour l'enseignant, la difficulté se situe dans le rapport entre cette zone prévisible et les difficultés d'un groupe ou d'un individu, liées à l'exposition à la LE. Cette manière de considérer l'enseignement comme totalement dépendant de l'apprentissage, peut se traduire dans les principes suivants :

— Un cours peut fonctionner à partir :
  • de documents authentiques,
  • des productions des apprenants.
— L'apprenant :
  • est impliqué avec l'enseignant dans la recherche du fonctionnement de la langue et de la communication.
  • est également impliqué dans l'élaboration-programmation du cours.

L'apprenant a donc un rôle actif dans le cours et tout ne repose pas sur l'enseignant. Le terme **d'appreneur** corresponds d'ailleurs mieux à cette vision (6).

Mais l'apprenant ne peut avoir un rôle actif que si des procédures sont mises en place pour l'aider à développer des stratégies pour la compréhension et la production en langue étrangère. Ces stratégies que l'apprenant développe de manière réflexive peuvent être utilisées en dehors de la classe.

La vision de l'apprentissage proposée par l'approche communicative met en avant une attitude d'attention aux productions des apprenants, partant du principe que l'apprentissage d'une langue étrangère se fait par des réajustements successifs et par la mise en place progressive d'un système. Dans cette appropriation de la langue étrangère, l'attitude active de l'apprenant a un rôle très dynamique. La difficulté réside dans l'écart qu'il peut y avoir entre ces principes et les conditions de leur réalisation.

---

(6) Dalgalian G., Lieutaud S. Weiss F. (1981): *Pour un nouvel enseignement des langues étrangères*, CLE INTERNATIONAL.

V LA COMMUNICATION DANS LA CLASSE

V.1. Le cadre général

Avant d'étudier le problème des documents et des activités de classe, il est nécessaire d'éclaircir le rapport entre **communication didactique/réelle** ou **authentique** afin de ne pas nous perdre dans le débat qui consiste à savoir si la classe est ou non un lieu d'échanges réels : « De nombreux méthodologues contestent le fait qu'il puisse y avoir une communication réelle en classe de langue en affirmant que la classe sera toujours le lieu de la communication didactique (1). »

Notre position sur ce point peut se résumer de la façon suivante : la classe de langue est un lieu où se jouent des rapports sociaux (rapports de savoir, de pouvoir) comme dans d'autres situations de communication. Dire que les rapports entre les interlocuteurs sont en dehors de toute réalité nous semble extrême ; la spécificité de la situation veut que les interactions soient centrées sur un objectif : apprendre la LE, et que la LE constitue elle-même le moyen d'apprentissage.

Sur le plan méthodologique, il faut signaler :
— que les documents de travail introduits dans la classe seront proches de ceux que l'on trouve dans la vie courante ;
— que le type d'activités proposées aux apprenants se rapprochera des types d'échanges qui existent dans la réalité. Le problème est peut-être plus de savoir comment les activités proposées dans la classe permettent à l'apprenant de s'insérer dans la communication réelle ;
— que la manière de structurer le groupe, d'instaurer des rapports entre l'enseignant et les apprenants, les apprenants entre eux, aura sans doute un rôle important à jouer dans la mise en place de réseaux de communication au sein du groupe-classe.

Si on fait un usage très large du terme *authentique*, si ce terme est un gage de renouveau dans l'enseignement des LE, il est évident, que même si « l'authentique n'existe pas » (2), l'usage du mot authentique, l'utilisation de documents authentiques s'inscrit d'abord dans un processus de réaction par rapport aux MAV, processus de réaction qui part d'une pratique. Nous ne reviendrons pas sur les caractéristiques de la communication dans les MAV (dialogues présentant la langue orale simplifiée, appauvrie, situations de communication stéréotypées, personnages ayant

---
(1) Courtillon J. (1981) : « Une méthodologie de la communication », *Actes du 5ᵉ colloque SGAV, Problématique SGAV et approche communicative*, p. 87.
(2) Besse H. (1980) : *Polémique en didactique*, CLE INTERNATIONAL, p. 81.

peu d'épaisseur psychologique, s'insérant mal dans une réalité socioculturelle). Il faut cependant rappeler deux hypothèses de travail des MAV :

1. Au *Niveau I*, l'enseignement aux débutants permet à l'apprenant de se familiariser avec un outil : la langue ; la communication, la mise en œuvre de cet outil, est donnée en plus, ou plus tard ;
2. les dialogues fabriqués de ces méthodes ne peuvent avoir que de lointaines ressemblances avec la réalité dans la mesure où l'objectif est didactiquement défini : il s'agit de faire apprendre du lexique et des structures grammaticales dans une situation.

Les MAV font également l'hypothèse que l'apprenant ne peut avoir accès directement à un document authentique mais qu'un travail sur des documents fabriqués lui permettra de comprendre ensuite un document réel, c'est d'ailleurs dans cette optique qu'on utilise au Niveau 2 des textes filtrés qui facilitent l'accès au texte réel.

Ces hypothèses de travail remises en cause par une pratique des MAV peuvent être discutées ; il n'est pas impossible de penser que le passage par une langue et une communication simplifiée soit nécessaire (3).

Il n'en reste pas moins vrai que pour une bonne part, ce sont les apprenants eux-mêmes qui signalent le décalage entre la classe et la réalité, surtout au niveau de leurs possibilités de compréhension.

V.2. Les documents

■ **Trois bonnes raisons pour utiliser les documents authentiques :**

Les raisons qui font du document dit « authentique » un support privilégié pour l'enseignement/apprentissage sont au nombre de trois :

1. un apprenant au niveau débutant peut-être motivé positivement s'il peut comprendre des échanges réels : l'utilisation de documents authentiques se justifierait donc au niveau de la motivation. À ce propos on peut noter que pour **Canale** et **Swain** (1980), c'est uniquement le facteur motivation qui fera choisir une approche communicative : « De notre point de vue, une motivation constante pour l'apprenant et l'enseignant peut être l'unique facteur important, déterminant le succès d'une approche communicative par rapport à une approche grammaticale (4). »

C'est un argument de même type que **Coste** (1970) développe en faveur du document authentique : « S'il n'est pas l'unique objet de

---

(3) Voir l'article de Porcher L. (1981) : « Incertitudes subjectives sur la linguistique et la didactique » dans *Description, Présentation et enseignement des langues*, Richterich R., Widdowson H., Hatier, CREDIF, pp. 12-32.
(4) Canale M., Swain M. (1980) : « The theoretical bases of communicative approaches to second language teaching and testing » dans *Applied Linguistics*, vol. 1, n° 1 p. 38.

notre enseignement, nous avons à tirer le meilleur parti possible de sa valeur de motivation. Il est en effet pour l'élève récompense et réconfort (5). »

2. L'utilisation du document authentique est un des éléments qui permettra de favoriser l'autonomie d'apprentissage de l'élève (6). Cet argument en faveur du document authentique repose en fait sur l'hypothèse suivante : si on développe dans la classe des stratégies de travail par rapport aux documents authentiques, l'apprenant pourra réinvestir ces stratégies en dehors de la classe, ceci veut dire que l'objectif « apprendre à apprendre » est aussi important que le contenu des documents.

Cet argument est important dans le cas d'apprenants plongés dans un milieu francophone, il n'est pas non plus à négliger pour des apprenants dans un milieu non francophone car bien souvent, c'est le seul contact avec les médias (presse écrite, radio, cinéma) qui leur permettra de prolonger l'enseignement reçu dans la classe et qui reconstituera en quelque sorte l'environnement linguistique inexistant.

3. Le troisième argument touche à la langue enseignée, aux contenus d'enseignement/apprentissage et nous renvoie plus directement aux chapitres précédents : « ... il est admis que le recours didactiquement réfléchi à des documents écrits ou sonores "authentiques" expose les apprenants à des aspects de l'usage langagier qui ne font aujourd'hui l'objet d'aucune description élaborée et dont on estime pourtant qu'ils sont à enseigner. » (7)

Vu sous cet angle, il est alors évident que le document authentique (écrit, sonore, vidéo) permet de travailler sur une mise en relation des énoncés produits avec les conditions de production ; on effectue dès lors un travail non seulement sur les aspects linguistiques mais sur la dimension pragmatique du langage et sur les usages sociaux (8).

Plusieurs didacticiens insistent sur ce point. Les documents authentiques constituent des objets sur lesquels on applique des techniques d'analyse pour dégager avec les apprenants des règles de fonctionnement de la communication dans la langue enseignée/apprise.

---

(5) Coste D. (1970) : « Textes et documents authentiques au Niveau 2 » dans *FDM* 73, p. 89.
(6) Voir Duda R., Laurens J.-P., Remy G. (1973) : « L'exploitation didactique de documents authentiques », dans *Mélanges Pédagogiques*, CRAPEL.
(7) Coste D. (1981) : « Spéculations sur la relation langue décrite — langue enseignée en classe », dans *Description, présentation et enseignement des langues*, Richterich, R., Widdowson H.G., CREDIF, Hatier, p. 35.
(8) On pourra consulter entre autres : Roulet E. (1980) : « La porte ! ou l'irruption de la pragmatique linguistique dans la didactique du français » dans *Lignes de force du renouveau actuel*, DLE, CLE INTERNATIONAL, pp. 101-102. — Dalgalian G., Lieutaud S., Weiss F. (1981) : *Pour un nouvel enseignement des langues*, CLE INTERNATIONAL, pp. 55-56.
— Moirand S. (1981) : *Enseigner à communiquer en LE*, Hachette, pp. 68-121. — Abe D., Carton F.M., Cembalo M., Regent O. (1979) : « Didactique et authentique : du document à la pédagogie » dans *Mélanges Pédagogiques*, CRAPEL. — Debyser F. (1969) : « La découverte du parlé grâce au document sonore », dans *FDM* 145.

■ Les problèmes posés par l'utilisation des documents authentiques.

Un travail de ce type suppose que plusieurs conditions soient respectées. Car il nous semble que le problème se situe surtout au niveau du choix des documents, de leur utilisation, de leur insertion dans le projet pédagogique d'ensemble.

Il est évident que prendre un document dit authentique pour le faire pénétrer dans la salle de classe, c'est le couper de ses conditions de réception ordinaires, mais ne sommes-nous pas exposés chaque jour à des documents qui ne sont pas conçus pour nous (9)?

En fait, l'important n'est pas d'utiliser à tout prix de "l'authentique"; dans certains cas, des documents réalisés en simulation présentent un caractère vraisemblable suffisant pour qu'ils puissent être analysés au niveau communicatif: «... il est évident que notre pédagogie de la communication nous conduit à rejeter ce qui, dans les supports linguistiques traditionnels, ne contribue pas à enseigner les formes en liaison avec leur emploi pragmatique et social (10). »

En prônant une pédagogie où les documents authentiques constituent pour une grande part les matériaux de base, nous ne voudrions pas ignorer certaines difficultés :

— l'éventail de documents disponibles à l'étranger pour l'enseignement du FLE n'est pas forcément très étendu ;

— si les documents provenant des médias sont très accessibles (malgré les problèmes de droit), certains types de documents (transactions marchandes, conversations à bâtons rompus) sont plus difficilement enregistrables ;

— il est parfois difficile pour un enseignant seul, ayant des conditions de travail parfois lourdes, d'organiser, de sélectionner des documents ; ce problème ne peut pas être résolu individuellement.

Cependant, il nous semble que l'utilisation de documents authentiques est la plupart du temps rejetée pour deux raisons :

— les documents authentiques sont « trop difficiles » au niveau débutant (11). Ceci peut s'expliquer par le fait qu'ils impliquent des progressions et des techniques de travail différentes de celles proposées par les MAV pour des enseignants qui dans la plupart des cas ont été formés aux méthodes traditionnelles ou audiovisuelles ;

— l'organisation d'un cours pour débutants à partir de documents authentiques n'est pas forcément évidente, et pour nous le problème central n'est pas celui du document authentique, mais celui de son insertion dans l'ensemble du cours : «l'authentique, qu'il soit ou non littéraire, ne saurait être conçu ni comme objectif ni comme contenu, ni

---

(9) Pour la discussion sur ce point on pourra voir Maley A. dans *Actes du colloque du CRAPEL*, 1978.
(10) Dalgalian et alii: voir note (8).
(11) Certains didacticiens rejettent d'ailleurs globalement l'approche communicative ou notionnelle/fonctionnelle pour des débutants.

comme un moyen de l'enseignement du FLE. Il n'a de sens que pris dans un projet méthodologique qui lui donne une fonction et une place » (12).

■ **Choix et insertion des documents authentiques.**

Nous voudrions faire quelques remarques quant au choix des documents. Il existe d'ailleurs sur ce point plusieurs positions :

— Dans le cas de publics ayant des objectifs spécifiques d'apprentissage, il est couramment admis de penser que l'objectif d'apprentissage (lire un ouvrage dans une discipline donnée, pouvoir répondre au téléphone, poursuivre des études en France dans une spécialité) peut se confondre avec le document d'apprentissage.

Ainsi pour les scientifiques qui veulent lire des ouvrages dans leur spécialité, il est évident que l'on ne passera pas par l'acquisition d'une langue orale mais que dès le début de l'apprentissage on travaillera essentiellement sur l'aptitude visée : la compréhension écrite (13). Cette idée est admise, dans la pratique elle suscite un certain nombre de questions :

● peut-on proposer aux apprenants un travail sur une compétence limitée sans qu'ils aient leur mot à dire sur ce point (cf. le problème des besoins) ?

● que fait-on de l'image qu'ont les apprenants sur la langue à apprendre, peut-on ainsi évacuer dans une perspective « fonctionnelle » représentations, désirs et attentes ?

● du point de vue de l'apprentissage même d'une LE, est-il réaliste de penser que les différentes aptitudes fonctionnent de façon aussi indépendante ?

— Le choix des documents peut s'effectuer par rapport à la situation d'apprentissage, par rapport aux besoins des apprenants (14). Il est possible d'établir une liste des situations de communication dans lesquelles l'apprenant aura à utiliser la langue étrangère et choisir des documents en fonction de cet inventaire.

Une des hypothèses développées pour faciliter l'accès aux documents authentiques est de partir de textes dont le domaine de référence est connu par l'apprenant (15). Si cette stratégie favorise la compréhension, l'accès aux documents par la confiance qu'elle donne à l'apprenant, elle a pour inconvénient d'enfermer l'apprenant dans le développement d'une compétence de communication en LE proche de sa compétence de communication en LM (16).

En effet il peut être tout aussi rentable pour développer une véritable compétence de communication de partir d'une même situation de

---

(12) Coste D. (1973) : « Textes et documents authentiques au Niveau 2 » dans *FDM* 70.
(13) Moirand S. (1980) : *Situations d'écrit*, CLE INTERNATIONAL.
(14) Abe D. et alii : CRAPEL, *op. cit.*
(15) Moirand S. : *op. cit.*
(16) Besse H. (1981) : « Pour une didactique des documents authentiques », dans *Travaux de didactique*, Université de Montpellier, nᵒ 5/6.

communication avec des réalisations différentes en LM et LE; l'observation des écarts entre les réalisations sera un facteur facilitant la conceptualisation de règles de communication en LE et en LM (17).

— Il est tout à fait possible de travailler avec des débutants sur des matrices de conversations; en effet pour ce qui concerne par exemple les transactions, les échanges sont plus ou moins prévisibles. Ces matrices peuvent servir de guide pour l'accès aux documents, il n'en reste pas moins vrai qu'une certaine partie des échanges sera imprévisible, inattendue, c'est le propre de la communication authentique et ceci pourra être observé sur des documents (18).

Quant au choix du support: sonore, écrit ou vidéo, il se fera par rapport aux aptitudes que l'on va chercher à développer (19).

Tous les documents de la vie quotidienne ne sont pas utilisables dans la salle de classe (20). Certains documents font appel pour l'apprenant à un ensemble de références socioculturelles, ou à une variété de langue particulière. Lorsque le document n'est pas adapté au niveau du public, l'exploitation qui en sera faite risque de se transformer en une explication de textes des plus classiques.

- **Documents authentiques et progression**

Schématiquement, on pourrait retenir les types d'organisation suivants:

— la progression du matériel pédagogique est structurale et/ou fonctionnelle/notionnelle, la base de la méthode est constituée de dialogues fabriqués; les documents authentiques servent d'appui d'illustration et reprennent le contenu ou la thématique des matériaux fabriqués (cf. *C'est le Printemps, Méthode Orange,* etc.);

— le matériel pédagogique est organisé sous forme de dossiers à thème. On va trouver ce type de matériel principalement au Niveau 2.

Si ce type d'organisation est satisfaisant au point de vue du thème, c'est bien souvent l'exploitation linguistique qui pose problème à l'utilisateur. En effet, il est bien évident que ce type de travail ne peut proposer une progression linguistique rigoureuse. Cependant, il existe des tentatives d'exploitation. Ce type d'organisation se situe un peu en dehors de notre propos dans la mesure où il est rarement appliqué à l'enseignement du FLE pour les débutants;

— les documents peuvent être également organisés en choisissant comme critère la situation (la poste, la banque, etc.);

— enfin un dernier type d'organisation possible est celui qui consiste à choisir les documents authentiques en fonction des actes de parole (ou

---
(17) *ELA* n° 44 (1981): « L'analyse de conversations authentiques », Didier.
(18) Jupp et alii (1979): *Apprentissage et communication,* CLE INTERNATIONAL.
(19) Voir *FDM* 157 (1980), Hachette Larousse.
(20) Porcher L.: *op. cit.*

macro-actes) et des notions (ou catégories sémantico-grammaticales) qu'on peut y trouver, par exemple :
a) inviter, accepter/refuser, exprimer une opposition ;
b) temps, espace, etc.

La difficulté dans ce cas porte sur le fait qu'il est quasi impossible d'isoler à l'intérieur d'un document des actes ou notions, ceux-ci sont toujours pris dans leur enchaînement. Cet inconvénient nous semble mineur, car il est tout à fait possible par l'organisation proposée de focaliser l'attention des apprenants sur un acte ou macro-acte en leur proposant plusieurs documents qui le réalisent. Ceci nous semble en effet préférable à une organisation qui consisterait à couper des documents, à les tronquer pour les pédagogiser au maximum.

L'intérêt du document authentique réside justement (par rapport à la méthodologie audiovisuelle) dans le fait qu'il permet de travailler sur les enchaînements des actes et qu'il représente une situation globalement. En effet, comment choisir entre deux énoncés comme :
— Qu'est-ce que tu fais ce soir ?
— Venez donc dîner à la maison ! (Niveau-Seuil 1-119).
si ce n'est par rapport à la situation que l'échange dans son ensemble permet de reconstituer.

Un certain nombre de méthodologues (21) insistent sur le fait que le problème de l'authentique ne se situe pas au niveau du document lui-même mais au niveau de la tâche qui est proposée à l'apprenant à partir du document.

■ Systématisation et documents authentiques

Nous savons fort bien que tout ne pourra pas se faire dans la classe à partir de documents authentiques (22) : pour le travail sur la phonétique, les systématisations grammaticales, il est préférable d'utiliser des matériaux fabriqués dans ce but. Les documents authentiques constituent un matériel privilégié pour :

1. Effectuer un travail de compréhension soit orale, soit écrite. Il est évident dans ce cas que les conditions de réception du document ne sont pas celles de la réalité puisqu'on va dans la classe pédagogiser la réception du document :
— plusieurs écoutes pour un document oral ;
— reconstitution des conditions de production (travail sur la situation de communication) ;
— découpage du document ;
— guide pour la compréhension, informations préalables à la phase de compréhension.

---
(21) Voir par exemple Besse H. : *op. cit.*
(22) Dalgalian et alii : *op. cit.*

2. Réaliser un travail d'observation et d'analyse qui permettra de mettre en relation :
- énoncés ;
- actes de parole ;
- éléments de la situation de communication.

Cette observation-analyse peut être réinvestie au niveau des activités d'expression.

3. Il est possible enfin de réaliser à partir de documents authentiques différents types d'activités d'expression.

Pour conclure sur ce point, le problème des documents de travail se situe au niveau de la relation à la communication réelle, de la pédagogisation de ces documents et d'une vision cohérente des objectifs des séances de travail.

Choisir des documents authentiques pour effectuer un travail d'apprentissage du lexique ou pour réaliser un exercice de substitution grammaticale ne nous semble pas du tout justifié ; il est préférable de choisir pour ces objectifs des matériaux fabriqués dans cette optique.

V.3. Les activités

Les activités valorisées dans l'approche communicative sont celles qui sont marquées par la créativité et qui donnent une grande part d'initiative à l'apprenant. Outre les activités de compréhension, les activités d'expression sont de différents types :

— activités à partir de documents écrits, visuels qui supposent de la part de l'apprenant une tâche à réaliser. Selon les consignes de travail, les productions sont plus ou moins guidées ;
— simulations et jeux de rôles : les premiers sont plutôt des répétitions de la réalité et sont élaborées soit à partir de situations cadre (la poste-la banque-la rue...) ou de consignes données en termes d'actes de parole alors que les seconds ont une dimension plus théâtrale, demandant aux apprenants d'interpréter un personnage défini préalablement ;
— jeux : ces activités, si elles ont des objectifs variés : lexicaux, grammaticaux ou communicatifs, mettent surtout l'accent sur le plaisir que l'apprenant peut avoir à jouer avec la langue étrangère et à exercer ses possibilités d'expression (23).

Les activités permettent à l'apprenant d'être dans des situations réelles pour mener à bien une tâche à l'aide de la langue étrangère. Les échanges

---

(23) Voir sur ce thème : Care J.M., Debyser F. (1978): *Jeux langage, créativité*, BELC — Hachette Larousse. — Weiss F. (1983): *Jeux et activités communicatives dans la classe de langue*, Hachette.

qui ont lieu, s'ils se déroulent dans la langue étrangère, et ceci est sans doute évident lorsqu'il s'agit d'un groupe multilingue, se rapprochent alors de situations réelles où tous les participants sont amenés à négocier du sens et à se mettre d'accord pour accomplir la tâche proposée.

La difficulté par rapport à ce type d'activités réside essentiellement dans la façon de les évaluer; de mesurer à travers les productions, les acquisitions des apprenants et de faire un diagnostic quant aux manques.

V.4. Le fonctionnement du groupe-classe

La didactique du FLE est marquée dans les années 70-80 par ce que **Galisson** (1982) appelle «l'irruption de la pédagogie» (24). En effet, en déplaçant le centre d'intérêt de la classe, de la méthode vers l'apprenant, se posent des questions pédagogiques qui ne sont pas forcément liées à l'apprentissage d'une langue étrangère. Le groupe et son fonctionnement, les conflits et les tensions ont des répercussions sur le succès de l'apprentissage. Les dispositions psychologiques de chaque apprenant, la façon dont il se situe par rapport à l'enseignant et aux autres apprenants peuvent être rendues positives par des dispositifs qui les prennent en compte. L'influence des méthodologies dites non conventionnelles, telles que *Silent Way*, **la suggestopédie**, ou *Community Language Learning* (25) se fait sentir à travers des préoccupations quant au rôle de l'enseignant, aux relations qu'il établit avec le groupe, aux capacités que les apprenants ont pour gérer le travail collectif.

- **Interactions entre apprenants.**

Un certain nombre de points se dégagent des écrits et des pratiques pour ce qui est de la gestion du groupe-classe. Il semble que le climat créé dans la classe doit favoriser les interactions entre les apprenants, que l'écoute entre les participants est capitale puisqu'elle permet à chacun de s'exprimer selon les moyens dont il dispose : l'essentiel étant qu'il puisse communiquer du sens à travers la langue étrangère. Le climat d'écoute vise à sécuriser l'apprenant pour qu'il puisse dépasser ses inhibitions, ses difficultés, ses erreurs.

Pour que ceci soit possible, l'attitude de l'enseignant est un facteur déterminant. Il est cependant évident que cette attitude est difficilement définissable et que le plus souvent, on en reste à un niveau de recommandations générales. Cependant d'un point de vue plus technique, la mise en place d'un réseau de communication suppose des structurations à géométrie variable du groupe :

---
(24) Galisson R. (1982): *D'autres voies pour la didactique des langues*, CREDIF — LAL, Hatier.
(25) Voir *FDM* 175: «Didactiques non conventionnelles», Hachette Larousse, 1983.

— communication par groupe de deux;
— communication par petits groupes;
— communication d'un membre du groupe à l'ensemble;
— communication d'un groupe à un autre;
— communication de l'ensemble du groupe.

Les différentes structures doivent permettre à chacun d'une part de trouver sa place dans ces modes de fonctionnement, d'autre part de se confronter à des modes de communication divers qui constituent un entraînement par rapport à la réalité moins dans les contenus (faire passer un acte de parole) que dans les comportements que l'apprenant aura à développer: savoir prendre la parole, faire passer une information de façon simple, savoir formuler une demande, vérifier que l'on a compris l'autre, etc.

Ceci revient à développer chez l'apprenant une attention à l'autre, ce qui lui permet d'être conscient de ses comportements et qui l'oblige à mettre au point des stratégies de réponse, donc à se situer dans les interactions en langue étrangère et à maîtriser tous les phénomène liés à cette pratique. Encore une fois, lorsqu'il s'agit de comportement, le terrain devient difficile, puisque la question de fond est de savoir comment vont s'acquérir ces comportements et comment faire pour qu'ils soient propres à un individu et non conçus comme des mécanismes contraignants: « Pour faciliter la communication dans la classe, il s'agit avant tout de créer une atmosphère différente et de susciter un partage des responsabilités: quand l'enseignant aura accepté de perdre le monopole des questions et des corrections, de discuter avec les élèves des objectifs des activités proposées, quand les élèves sauront véritablement écouter ce que disent leurs voisins et leur parler directement, alors se tissera un réseau de communication beaucoup plus proche de ce qui se passe dans la vie réelle (26). »

■ **Interactions enseignants/apprenants: la négociation.**

Grandcolas (1980) pose les problèmes que nous venons de mentionner en les situant surtout au niveau du rôle et de l'attitude de l'enseignant. En effet pour que l'apprenant ait une part plus active dans la classe et pour que la communication ne soit pas verticale (professeur-élève), il y a nécessairement redistribution des rôles. Il revient à l'enseignant d'organiser le travail du groupe, de proposer des documents et des activités, d'expliciter des points de fonctionnement de la langue et de la communication lorsque ceci est nécessaire. Mais le groupe d'apprenants peut intervenir en retour sur certains éléments: programmation des contenus, type de documents, activités. Ceci peut se réaliser dans le cadre d'une négociation enseignant/apprenants.

En fait, une des meilleures façon d'impliquer l'apprenant dans son

---

(26) Grandcolas B. (1980): « La communication dans la classe de langue étrangère », dans *FDM* 153, *Pratiques de la communication*, 1980.

apprentissage est de le faire participer à la gestion de cet apprentissage. « Gérer l'apprentissage, apprendre à gérer l'apprentissage participe pleinement de l'apprentissage lui-même et peut en constituer une dimension essentielle (27). » Il est par ailleurs évident que les échanges réalisés lors de la négociation seront tout à fait authentiques, l'enjeu étant tout à fait réel, à condition, bien sûr, qu'un certain nombre d'éléments soient négociables. Il faut également que les apprenants aient les moyens linguistiques et communicatifs de négocier.

On peut bien évidemment se demander (cf. Besse, 1980) (28), si la négociation ne se borne pas à une simple manipulation de la part de l'enseignant. Il est clair que tout n'est pas négociable (les contraintes institutionnelles, les moyens matériels de l'institution, la formation et la personnalité de l'enseignant); il est également clair, et nous avons pu le constater, que les négociations, si elles ne sont suivies d'aucun effet, c'est-à-dire que si la parole des apprenants n'est pas prise en compte, ne créent pas de dynamique.

La négociation constitue justement un moment privilégié d'écoute de la part de l'enseignant ; elle permet qu'apprenants et enseignants confrontent et explicitent leurs projets d'apprentissage et d'enseignement.

Cette conception de fonctionnement du groupe-classe peut poser problème, car enseignants et apprenants ne sont pas toujours prêts à adopter ces attitudes :

— une approche communicative demande à l'apprenant d'être actif, de prendre souvent l'initiative ; l'apprenant par ses habitudes, son passé scolaire n'est pas forcément préparé à cela ;
— quant à l'enseignant, dans ce type d'approche, on lui demande souvent d'être en retrait, à l'écoute des apprenants ; cependant pour lui, l'équilibre peut être difficile à trouver entre un retrait total et un interventionnisme trop directif.

Le rôle de l'enseignant est sans doute beaucoup moins codifié que dans les MAV: sa personnalité va jouer un rôle plus important.

Mais à partir du moment où chacun sait ce qui lui est demandé, ce sont les interactions mêmes au niveau du groupe-classe qui jouent un rôle dynamique et qui sont les éléments-clés de la réussite de l'apprentissage.

---

(27) Coste D.L. (1981) : « Gérer l'apprentissage, les conditions des choix, dans *Champs éducatifs* n° 3, Paris 8. Voir également Beacco J.-C. : « Ralentir travaux », dans *Anthobelc* n° 2.
(28) Besse H., Galisson, R. (1980) : *Polémique en didactique*, à partir de la page 64, CLE INTERNATIONAL.

VI. EN GUISE DE BILAN

Dresser un bilan de l'approche communicative est complexe car il y a des écarts entre la définition d'un cadre, la mise en application et l'évaluation de cette application en termes de succès/échec. Nous écarterons d'emblée les approches qui peuvent être qualifiées de déviantes, qui utilisent au niveau du discours didactique le terme communicatif, et qui ne retiennent qu'un élément pour fonder l'ensemble à titre d'exemples :

— l'utilisation d'actes de parole est la garantie d'une approche communicative ;
— l'approche communicative consiste à attendre que les apprenants expriment leurs besoins et il n'est pas nécessaire de prévoir un schéma d'organisation de cours.

Nous nous situerons dans le cadre que nous avons défini, bien que notre essai de définition soit imparfait pour dégager les faiblesses, les forces de ce type d'approche et les points qu'il conviendrait d'approfondir.

▪ Les faiblesses

Une des ambiguïtés de l'approche communicative réside dans le rapport qu'elle entretient avec les disciplines de référence (linguistique – pragmatique – analyse de discours – psycholinguistique – sociolinguistique).

Il y a sans doute autour de l'approche communicative une imprégnation, la connaissance de travaux qui ont une influence sur les principes didactiques qui se dégagent : ceci constitue un environnement théorique, un univers de référence qui nourrit la réflexion pédagogique au même titre que la réflexion sur la pratique.

Il y a par ailleurs des emprunts de concepts tels que ceux d'actes de parole, de besoins liés à une intégration réductrice dans le cadre de l'approche communicative. Il est évident que lorsqu'on s'éloigne d'un rapport du type : application d'une théorie linguistique à l'enseignement des langues, les rapports sont plus flous. Sur ce point, il semble que l'approche communicative se soit arrêtée trop rapidement à l'utilisation de concepts isolés ; il devrait être possible par exemple de renforcer la relation entre les travaux sur l'analyse de discours, l'analyse de conversation et la mise en place d'une approche communicative.

Il est indispensable que l'approche communicative se nourrisse des recherches menées dans d'autres disciplines pour en retenir les concepts, techniques ou démarches qui peuvent être intégrés : l'intégration de la simulation comme technique de travail est significative.

Une des ambitions de l'approche communicative est d'enseigner une compétence de communication en langue étrangère avec toutes ses composantes. Opposer compétence linguistique et compétence communicative pose le problème d'une manière stérile et ne permet pas de déterminer la part respective de chacune des composantes et leurs inter-relations. S'il est relativement aisé de définir dans un programme d'enseignement les contenus prioritaires de communication (en termes d'actes de parole ou de notions) et les contenus linguistiques qui en découlent, il n'en va pas de même pour les contenus socio-culturels.

Pour évoluer en langue étrangère, l'apprenant a besoin d'un savoir minimal sur la culture et sur le fonctionnement social du groupe dont il apprend la langue. Ce type de connaissances est souvent rejeté dans la dernière partie d'un programme d'enseignement.

De la même manière, si l'on se fixe comme objectif de donner à l'apprenant tous les moyens de communiquer dans la langue étrangère, il est nécessaire de travailler non seulement sur la langue mais sur des domaines comme l'implicite, les gestes, les mimiques. On peut alors se demander jusqu'à quel point l'apprenant devra intégrer des comportements qui se rapprochent de ceux d'un natif.

En outre, il ne s'agit pas d'acquérir des comportements automatisés dans la langue étrangère mais plutôt de développer la capacité de réagir à des situations de communication variées et d'inter-agir avec l'autre.

■ Les points forts

Les problèmes évoqués, même s'ils restent sans solution immédiate, ne doivent pas masquer certains points forts de l'approche communicative qui, à notre avis, expliquent son développement, que ce soit au niveau des contenus, des activités, de la prise en compte de l'apprenant.

— Tout tend dans l'approche communicative à se rapprocher de la réalité et à donner à l'apprenant accès à cette réalité de la communication en langue étrangère le plus rapidement possible. La dynamique qui se crée dans cette relation entre apprentissage et possibilités de se confronter à la réalité constitue un point-clé puisqu'il s'agit d'acquérir un savoir-faire en langue étrangère et dans une certaine mesure un savoir-être. Ceci suppose que le contact avec la langue étrangère soit possible, mais ce contact peut se réaliser sous des formes très différentes selon la situation (contacts avec des natifs, avec les médias).

— Le deuxième atout de l'approche communicative tourne autour de la motivation : motivation de l'enseignant, parce qu'il a une responsabilité au niveau du choix des documents, de la programmation des activités, parce qu'il fait varier les modes de travail, les activités et documents. Mais surtout motivation de l'apprenant par la confrontation permanente avec le réel : intérêt des documents, variété, et possibilité d'investir ses acquisitions au niveau de la compréhension d'abord puis de l'expression.

— Mais le facteur le plus positif est l'investissement des apprenants dans leur apprentissage, dans la gestion du travail de la classe. Une participation active qui va dans le sens de l'autonomie, une responsabilisation des participants, du groupe ont un effet bénéfique sur l'apprentissage. Il s'agit alors d'un fonctionnement de type contractuel entre apprenant et enseignant. Cet aspect de l'approche communicative, implication de l'apprenant dans son apprentissage, est un facteur moteur à condition que le dispositif de travail permette réellement de le mettre en place.

■ Les conditions de réussite

Des appréciations sur l'approche communicative sont souvent formulées sans tenir compte des conditions préalables à une mise en place d'une méthodologie communicative telle que nous l'avons définie.

— **La condition essentielle de réussite de l'approche communicative concerne l'enseignant**, qui dans le mouvement de recentrage sur l'apprenant, apparaît souvent comme le parent pauvre du dispositif. Au niveau de l'enseignant, les conditions sont de trois ordres :

1. compétence linguistique et communicative dans la langue étrangère si l'enseignant n'est pas natif et connaissance du fonctionnement socioculturel ;
2. formation méthodologique à la pratique de techniques qu'il/elle utilisera dans la classe et connaissance précise des outils pédagogiques : méthodes, matériaux complémentaires, documents.

Ces deux types de compétence, tournée, la première, vers la langue à enseigner, relevant, la seconde, du domaine professionnel, peuvent s'acquérir ou se modifier dans le cadre d'une formation initiale ou continue.

3. capacités de s'adapter, d'être disponible, d'être à l'écoute des apprenants, de gérer un groupe en formation.

Il est évident que cette dernière condition relève de la personnalité de l'enseignant et ne peut être modifiée qu'à travers un travail d'analyse et de réflexion sur ses comportements.

Réunir ces conditions peut apparaître totalement irréaliste lorsqu'on connaît de près certaines situations d'enseignement du FLE ; cependant, il y a comme pour la compétence de communication des phénomènes de compensation entre ces 3 éléments, mais en deçà d'un certain seuil, la mise en place d'une approche communicative est impossible. On pourrait objecter que les conditions de travail de l'enseignant sont des facteurs de réussite ou d'échec quel que soit le type de méthodologie utilisée. C'est sans doute partiellement vrai, mais l'approche communicative, de par ses exigences, et parce qu'elle est moins codifiée au niveau de sa mise en place suppose que l'enseignant possède certains savoir-faire et ne s'en remette pas à l'utilisation stricte d'un manuel.

— **La deuxième condition touche à la cohérence du système** mis en place ; on confond parfois approche communicative et éclectisme, compris dans le sens d'un assemblage entre diverses méthodologies : traditionnelle, audiovisuelle, communicative. Il ne s'agit pas dans le cas de l'approche communicative de mettre en place une pratique codifiée, de refuser certains types d'exercices sous prétexte qu'ils appartiennent à un autre courant méthodologique, mais de mettre en place une approche guidée par certains principes essentiels, qui tienne compte de la réalité de la situation pédagogique, à savoir :

- des apprenants : profils et objectifs ;
- de l'institution : organisation, possibilités matérielles et humaines ;
- des enseignants : compétence linguistique, professionnelle ;
- des outils didactiques ;
- des ressources de l'environnement.

Méthodologiquement les querelles se situent parfois au niveau de la terminologie : il est évident que l'approche décrite peut être identique à une approche fonctionnelle de l'enseignement de FLE.

Par ailleurs, il est certain qu'apprendre ou enseigner une langue ne peut se faire que dans un cadre communicatif, dans la mesure où il est forcément question de communiquer en langue étrangère.

Enfin, beaucoup de polémiques auraient été évitées si les expériences diverses avaient été mises à plat et analysées. Mais il est alors question d'évaluation et il est clair que cet aspect, l'évaluation intégrée au processus d'apprentissage, reste un des points faibles de l'approche communicative. L'évolution logique serait d'évaluer des apprentissages mais également des méthodologies, des systèmes ; par conséquent le terme qui pourrait être substitué à communicatif serait celui de **systémique**.

L'APPROCHE COMMUNICATIVE

DEUXIÈME PARTIE
ANALYSE D'ENSEMBLES DIDACTIQUES

Cette partie de notre travail a pour objectif de mettre en perspective le discours tenu sur l'approche communicative et sa mise en œuvre à travers des outils didactiques qui se réfèrent à l'approche communicative. Pour ce faire, nous avons sélectionné un certain nombre d'ensembles didactiques élaborés après 1978, destinés à des adultes, en retenant dans cet échantillon trois méthodes universalistes, un ensemble portant sur une aptitude particulière et un ensemble s'adressant à un public déterminé.

Cet échantillon nous a semblé représentatif des tendances que l'on a pu observer dans l'élaboration de matériel didactique lorsque s'est développée l'approche communicative. Nous reviendrons à la fin de cette partie sur les différentes manières de traiter la problématique de l'élaboration de matériel.

Ces 5 ensembles représentent en effet trois manières de traiter la problématique de l'élaboration de matériel didactique :

— une méthode universaliste qui doit couvrir un volume horaire d'enseignement et qui comporte au minimum un livre de l'élève et un guide pour l'enseignant, parfois un livre d'exercices complémentaires, des supports sonores et parfois visuels ;
— un matériel complémentaire qui peut venir s'ajouter à une méthode de base et qui porte soit une aptitude particulière (compréhension, expression orale ou écrite), soit sur un domaine particulier (grammaire, civilisation), soit sur une technique de travail particulière (la simulation globale par exemple) ;
— un matériel conçu pour un public précis qui prend en compte les objectifs précis d'apprentissage de ce public et peut parfois se situer dans une perspective comparatiste.

Pour analyser les 5 ensembles retenus, nous avons travaillé à partir de 2 questionnaires, l'un descriptif, l'autre évaluatif par rapport à l'approche communicative, à partir de rapports d'utilisation de ces méthodes et à partir de notre propre pratique de certains de ces ensembles.

I. LES ENSEMBLES DIDACTIQUES

I.1. Grilles d'analyse

GRILLE DESCRIPTIVE

1. *Type de matériel*
   - Manuel
   - Matériel
   - Matériel audiovisuel

2. *Public*
   - Général
   - Spécifique
   - Adultes
   - Adolescents

3. *Structure générale de la méthode*
   - Objectifs
   - Durée de l'apprentissage
   - Leçons ou unités
   - Progression
   - Aptitudes

4. *Contenu*
   - Sélection
   - Contenu communicatif ou notionnel
   - Contenu grammatical
   - Contenu culturel

5. *Méthodologie*
   - Documents
   - Activités
   - Grammaire
   - Phonétique

6. *Pédagogie*
   - Organisation du travail
   - Rôle de l'enseignant

7. *Relations avec les travaux du Conseil de l'Europe*

GRILLE D'ÉVALUATION PAR RAPPORT À L'APPROCHE COMMUNICATIVE

1. *Besoins*
   La méthode comporte-t-elle une analyse des besoins du public?

   Par quel procédé?

2. *Objectifs*
   Les objectifs généraux de la méthode visent-ils à faire acquérir à l'apprenant une compétence de communication?

   La sélection du contenu et la progression sont-elles de type notionnel-fonctionnel?

   Remarques:

3. *Contenus*
   Le contenu linguistique est-il choisi par rapport aux fonctions et notions retenues?

   Quelles sont les fonctions retenues?

4. *Aptitudes*
Le travail sur les différentes aptitudes est-il différencié?

5. *Supports*
Les supports sont-ils authentiques, fabriqués?

Sont-ils diversifiés?

6. *Grammaire*
Le travail proposé à l'apprenant permet-il de conceptualiser le fonctionnement de la LE?

7. *Méthodologie*
Les procédures méthodologiques sont-elles diversifiées?

Sont-elles différentes de celles des méthodes audiovisuelles «traditionnelles»?

Rendent-elles l'apprenant autonome?

Pour chaque activité, l'objectif de travail est-il clairement défini?

Certaines activités permettent-elles une communication réelle dans la classe?

La proportion d'activités créatives est-elle suffisante?

L'étudiant peut-il mettre en pratique sa compétence de communication?

8. *Apprentissage*
La méthode propose-t-elle plusieurs stratégies d'apprentissage?

L'étudiant a-t-il la possibilité de parler de son apprentissage?

I.2. Présentation des ensembles

Archipel (niveau débutants), J. Courtillon, S. Raillard, CREDIF Didier, 1982 (**AR**).
Cartes sur table (niveau débutants), R. Richterich, B. Suter, Hachette, 1981 (**CST**). ***Sans frontières*** (niveau débutants), M. Verdelhan, M. Verdelhan, P. Dominique, International,1982 (**SF**).
Le français des relations amicales, unités capitalisables Francfort, B. Lohezig, J. M. Pérusat, Multigraphie, Institut Français de Francfort, 1978 (**LFRA**).
En effeuillant la marguerite, D. Fiusa, M.J. Kehl, F. Weiss, Hachette, 1979 (**EFM**).
Les trois premiers ensembles sont des méthodes universalistes; nous avons travaillé sur la 1re partie, alors qu'elles comptent des prolongements: *Archipel 2 et 3, Cartes sur table 2, Sans frontières 2 et 3* puisqu'il s'agit d'analyser des matériaux didactiques pour débutants et faux débutants. Nous ferons parfois référence à la suite des méthodes analysées. Le quatrième ensemble vise un public précis: celui des Instituts

Français en Allemagne. Enfin le dernier ensemble est un matériel destiné à perfectionner la compréhension et l'expression orales, il s'adresse donc à un public de faux débutants, qui travaillent par ailleurs avec un autre matériel didactique. Ces différents ensembles nous semblent représentatifs de la typologie de la production en FLE: matériel universaliste, matériel pour un public spécifique, matériel complémentaire qui développe un domaine d'utilisation de la langue (aptitudes – apprentissage de la langue à caractère spécialisé) ou des techniques de travail particulières (créativité-simulation).

— En ce qui concerne la présentation matérielle des méthodes, on peut retenir deux caractéristiques dominantes:

- **le retour du manuel**, contrairement à ce que prédisait Francis Debyser en 1973 (1).

Ceci est surtout valable pour AR, SF et CST, c'est-à-dire pour les 3 méthodes universalistes; on constate dans les 3 cas que le livre de l'élève est un outil important qui se rapproche beaucoup plus du manuel des méthodes traditionnelles que du livre de l'élève des méthodes audio-visuelles. L'examen de ces trois manuels fait apparaître des efforts de présentation, comme, par exemple le travail sur la double page dans CST, qui correspond à une organisation pédagogique;

- l'importance du manuel va de pair avec une place plus importante accordée à l'écrit. À l'opposé, on trouve pour EFM un livret, et un dossier pour LFRA dans lesquels on sent que l'on a accordé plus d'importance au contenu qu'à la présentation. LFRA peut être perçu comme un matériel provisoire, susceptible d'être modifié.

— Par rapport aux supports audio-visuels, l'aspect sonore est privilégié au détriment du visuel (films fixes). Il y a très nettement une prise de distance par rapport à la méthodologie audiovisuelle et à l'association image/énoncé. Seul AR utilise des films fixes, SF propose des planches murales et on trouve dans EFM et CST des dessins.

— Les tendances quant à l'utilisation de l'image pourraient se résumer ainsi:

- on s'éloigne du rapport 1 image / 1 énoncé des MAV;
- les images se diversifient: vignettes, photographies, collages, bandes dessinées, etc.

Il y a une volonté de AR, SF et CST de soigner la présentation graphique et textuelle, AR et CST dans leur mise en page se rapprochant du type de graphisme que l'on trouve dans la réalité.

---

(1) Debyser F. (1973): « La mort du manuel et le déclin de l'illusion méthodologique », dans FDM 100, Hachette-Larousse.

II. CONCEPTION GÉNÉRALE ET INFLUENCE DU NIVEAU-SEUIL

II.1 La conception générale

D'une manière générale, les ensembles didactiques se donnent comme **objectif l'enseignement d'une compétence de communication** selon des modalités variables. Pour les méthodes universalistes, il s'agit de donner à l'apprenant une compétence minimale, un français de survie ; pour EFM, d'améliorer ses capacités à l'oral, pour LFRA, de lui assurer une compétence limitée dans un domaine d'activités langagières précis : les relations amicales entre natifs et étrangers. Les cinq ensembles se situent d'une manière plus ou moins explicite dans le cadre de l'approche communicative.

La façon d'aborder le problème pour l'enseignement d'une **compétence de communication** est variable. Dans la préface de SF, les auteurs précisent qu'elle « ne s'enseigne, ni ne s'apprend ». Elle est présente dans les autres méthodes, même si on insiste davantage dans EFM sur la situation de communication. Dans les objectifs et contenus, il est possible d'identifier deux ensembles correspondant à deux composantes de la compétence de communication :

— la composante linguistique : l'enseignement de la compétence linguistique représente une partie importante dans l'organisation des différents matériaux, excepté pour EFM ; ceci s'explique par le fait que ce n'est pas un matériel de base, mais un matériel complémentaire ;

— la composante socio-linguistique (dans la terminologie de **Canale** et **Swain**) peut être au centre de la méthode (LFRA et EFM), intégrée dans le travail proposé mais d'une manière moins systématisée (AR), abordée de façon schématique (CST) ou présente d'une manière plus atomisée (SF). Cette deuxième composante qui recouvre l'aspect communicatif de ces méthodes est beaucoup plus floue que la précédente, et définie de façon différente dans les 5 ensembles didactiques. Nous reviendrons sur la relation entre les deux blocs (linguistique/communicatif) qui n'est pas toujours du même type.

Aux deux composantes précédentes, vient s'ajouter dans certains cas l'acquisition d'un savoir sur les aspects socioculturels de la réalité française. Cette composante apparaît essentiellement à travers les documents écrits proposés, c'est le cas d'AR, à travers les thèmes dans LFRA et SF.

Quant à la composante textuelle (dans la terminologie de Moirand, 1983), elle n'est pas traitée de façon systématique : il y a unicité des modes d'interaction à l'oral (le dialogue), mais, cependant, variété des documents écrits (AR).

II.2. L'influence du Niveau-Seuil

Les cinq ensembles didactiques se réfèrent aux *travaux du Conseil de l'Europe, et plus particulièrement au Niveau-Seuil* en tant qu'élément déterminant dans l'évolution de la didactique du FLE, et s'inspirent plus ou moins directement de ces travaux. Si nous devions quantifier l'influence du Niveau-Seuil sur les différents ensembles, nous proposerions la classification suivante :
1. LFRA,
2. EFM-AR,
3. CST,
4. SF.

— La prise en compte des **publics** apparaît d'une manière claire dans LFRA dans la mesure où il s'agit d'un public déterminé par la nationalité et par l'usage qui sera fait du français. Pour les autres ensembles, le public cité est très divers : linguistiquement, culturellement ; sa seule homogénéité repose sur le fait qu'il s'agit d'adultes ou de grands adolescents.

— Les **domaines** traités, si l'on excepte LFRA qui traite les relations amicales (relations grégaires dans le Niveau-Seuil), n'ont pas une part égale dans les méthodes mais le domaine « relations civiles et commerçantes » semble largement dominer, ce qui se justifie dans la perspective d'un français de survie : un étranger qui voyage ou séjourne en France aura d'abord à faire face à ce type de relations, sauf s'il se trouve dans un contexte particulier (échange, séjour dans une famille). Sont présentes ensuite les relations familiales et grégaires selon des proportions différentes dans les ensembles didactiques, ce qui s'explique en partie par le fait qu'au-delà des relations administratives, l'apprenant nouera des relations sur un mode plus personnel. Les relations familiales, présentes clairement dans SF, sont secondaires puisqu'il s'agit surtout de comprendre dans ce type de situations mais non de produire : un étranger en France, sauf exception, entretiendra des relations de type grégaire s'il est accueilli dans une famille.

— Les **relations professionnelles** sont peu traitées, parce qu'elles sont moins généralisables, elles sont variables en fonction du domaine d'activité et de la position professionnelle occupée. À l'opposé, toutes les méthodes accordent une place importante à la fréquentation des médias, justifiée à la fois pour un public qui séjourne en France et pour un public qui n'a comme contact avec la langue étrangère que les médias. La délimitation des domaines très claire dans le Niveau-Seuil ne l'est pas toujours dans les ensembles didactiques : SF met sur le même plan « langue des médias » et « communication téléphonique », alors que pour nous il y a une différence entre les domaines de pratique de la langue, et les canaux (oral en face à face, téléphone, écrit, télex, par exemple).

— Les parties **notions spécifiques** (en fait le lexique) et **grammaire** du Niveau-Seuil ne sont pas réutilisées directement. Le lexique, domaine ignoré par l'approche communicative apparaît selon les thèmes et les situations traitées ; il y a très peu d'activités touchant à la mémorisation du lexique. Pour la grammaire, seul AR intègre les recherches de cette partie du Niveau-Seuil ; ce qui est regrettable puisque les descriptions proposées sont utilisables tant sur le plan de la progression que de concepts pour l'explication de faits de langue avec les apprenants.

— Il est clair que c'est dans la détermination des **objectifs et des contenus de communication** que le Niveau-Seuil joue un rôle important. Tous les ensembles analysés intègrent cet aspect, soit en termes d'**actes de parole** soit en termes de **notions** bien que la formulation diffère dans chaque ensemble.

- AR : objectifs fonctionnels ;
- CST : communication ;
- SF : objectifs de communication ;
- EFM : intentions de communication ;
- LFRA : actes de parole.

Ceci est révélateur de la difficulté de définir des contenus de communication. Au-delà des étiquettes qu'utilisent ces méthodes, les contenus eux-mêmes diffèrent :

- dans CST et LFRA, il s'agit « d'actes de parole », tels qu'ils peuvent être définis dans le Niveau-Seuil (saluer, se présenter, proposer de faire, demander/donner une information, exprimer une opinion, raconter : ces actes sont communs aux deux matériels) ;
- dans EFM, il s'agit de catégories plus larges qui peuvent regrouper plusieurs actes : actes sociaux, prise de position qui inclut par exemple : exprimer son accord/désaccord, ses préférences, argumenter ;
- dans AR et SF, il y a à la fois des « actes de parole » et des « notions » :

AR : caractéristation de la personne, localiser un objet, caractériser des objets ;

SF : situer dans le temps, dans l'espace.

Mais si l'articulation entre actes de parole et notions apparaît clairement dans AR (U5 : la demande d'un objet portant la marque de la quantité ; U6 : caractériser des objets), la cohérence entre ces deux catégories n'est pas toujours évidente dans certains enchaînements de SF (1-5, caractériser quelqu'un, exprimer son mécontentement, décrire un événement).

- Dans LFRA l'articulation se fait entre actes de parole et repères grammaticaux, qui recouvrent très souvent les notions.

— En ce qui concerne **les actes traités**, lorsqu'on fait l'inventaire des contenus de chaque méthode, il est assez difficile d'établir des comparaisons, ceci du fait même de la formulation et des écarts qu'il peut y avoir entre le contenu annoncé et le contenu réel : par exemple dans AR, à l'U3, le contenu annoncé est « Localiser un objet, chercher un moyen de transport, prendre rendez-vous/refuser et déplacer le rendez-vous, inviter à sortir », les activités portent essentiellement sur les deux premiers actes, et l'on pourrait également formuler ce contenu de la façon suivante : demander un renseignement/une information, indiquer un itinéraire. Malgré cela on retrouve toujours (si on met à part le cas de EFM, matériel complémentaire) plus ou moins les mêmes actes, avec quelques variantes liées à la cohérence de la méthode :

• dans AR, l'acte « raconter » n'est pas traité comme dans les autres méthodes, dans la mesure où l'objectif d'AR1 est l'étude de la caractérisation et non de l'action (relations temporelles) ;

• dans LFRA, il n'y a aucune leçon sur la caractérisation, la demande d'un objet, puisqu'il s'agit du français des relations amicales, cette partie se trouve dans le français des relations civiles et commerçantes. Par ailleurs dans ce matériel, on traite, dans l'objectif « prendre la parole », des actes comme « donner des raisons / justifier, exprimer l'obligation, le souhait, juger / évaluer / argumenter / prouver / démontrer, expliquer / exposer, exprimer la certitude, le doute » ; ces actes sont soit absents, soit esquissés, soit regroupés sous l'étiquette « exprimer son opinion » et traités plus succinctement dans les autres méthodes.

— La manière de traiter **un acte** est également variable ; dans le tableau de la page suivante, nous avons examiné la façon de traiter l'acte « accepter/refuser » qui est réalisé après « proposer à autrui de faire ou inviter ou prendre rendez-vous ». Le tableau indique en 1 la ou les leçons dans lesquelles apparaissent ces actes ainsi que la formulation des actes, en 2 les moyens linguistiques proposés à l'apprenant pour « accepter » et pour « refuser ». Le cas de EFM est un peu particulier dans la mesure où « accepter/refuser » est traité dans l'unité « Prise de position » et en relation avec « accord/désaccord » et où ce matériel fournit les listes d'énoncés les plus complètes pour réaliser ces actes.

Ce tableau amène certaines remarques ponctuelles, mais nous souhaitons, à partir de là, poser des problèmes généraux quant aux contenus de communication.

• Il y a un rapport direct entre contenus et programmation des contenus : lorsque le même acte apparaît à plusieurs reprises on pourrait supposer qu'il y a enrichissement des moyens dont va disposer l'apprenant pour étoffer et préciser les réalisations possibles pour un acte donné. Nous constatons que pour certaines méthodes (CST-SF), le traitement d'un acte se pose surtout en termes de « réemploi ».

• Le rapport qui pourrait exister entre actes de parole – énoncés isolés et opérations discursives, c'est-à-dire le travail sur le discours, est gommé dans les méthodes : même si les contenus communicatifs reprennent actes de parole, opérations discursives (définir, raconter...) et notions, il y a

PROPOSER À AUTRUI DE FAIRE/INVITER
ACCEPTER/REFUSER

AR	CST	SF	LFRA
	1. ACTES		
U3: demander / donner un rendez-vous inviter / accepter refuser	L4: proposer / accepter / refuser L5: inviter accepter / refuser	I3: demander / accepter un RV II-1: inviter / accepter II-3: proposer de faire / accepter refuser III-3: donner un RV / accepter / refuser	D8: proposer de faire accepter / refuser D9: inviter accepter / refuser
	2. MOYENS LINGUISTIQUES		
A: oui, avec plaisir d'accord c'est entendu OK	A: oui, d'accord bonne idée oui	A: d'accord volontiers je veux bien bonne idée	A: oui, c'est possible ça va c'est d'accord pourquoi pas? bonne idée avec plaisir merci beaucoup c'est gentil
R: je suis désolé c'est impossible je regrette je ne peux pas excusez-moi	R: ah! non négation	R: non, merci non négation	R: je ne suis pas libre je suis pris j'ai un RV ce n'est pas possible

rarement une vision globale, ce qui se traduit par une insistance sur la phrase et non sur le discours. En effet il est possible de poser comme objectif de communication une opération discursive et de proposer au niveau des réalisations des solutions minimales. À titre d'exemple on peut décrire quelqu'un en produisant un énoncé du type : « Il est sympathique » ou « il est bien, mais parfois je ne le comprends pas, tu sais un jour ce qu'il a fait... ». La description ne se limite pas à un énoncé isolé et fait intervenir le récit, parfois l'appréciation. Ce qui est donc problématique, c'est l'enchaînement et la superposition des actes dans le discours et non la pratique d'un acte isolé ; c'est également la réalisation prise dans un ensemble. Selon la situation, le sens d'un énoncé sera très différent.

Par exemple :

« il est sympathique »
peut signifier :
il m'a aidé ; il est gentil mais sans plus ; il est un peu bête ; je l'aime bien.

Ces problèmes de sens sont travaillés dans les dialogues et les situations, mais les méthodes analysées ont souvent une approche minimaliste ; ce qui peut s'expliquer par le fait qu'elles s'adressent à un public de débutants.

Elles reproduisent parfois les défauts ou carences du Niveau-Seuil, ainsi sur l'acte analysé (accepter/refuser), l'utilisation d'un registre familier est presque inexistante (AR : OK, LFRA : ça va) ; à travers les listes d'énoncés cités, on retrouve l'influence du Niveau-Seuil qui sur les 2 points traités propose très peu d'énoncés familiers. Il semble également que c'est le point de référence, le Niveau-Seuil, qui explique la présence d'un énoncé comme « bonne idée » (présent dans CST, SF, LFRA). Cet énoncé est donné comme première réalisation pour l'acte « accepter » (Niveau-Seuil, p. 179). Il est étonnant de trouver cet énoncé dans CST et SF, car le nombre de réalisations est extrêmement limité.

Par ailleurs il revient à l'enseignant de guider l'apprenant pour choisir entre divers énoncés celui qui va lui permettre de réaliser de façon optimale un acte dans une situation donnée. Ceci suppose donc qu'il y ait un éventail de choix suffisant.

— Il est évident que ces méthodes qui se réclament de l'approche communicative n'accordent pas la même importance aux **contenus culturels**, aux contenus de communication et aux contenus linguistiques. On peut cependant dégager deux tendances sur ce point :

• AR et SF tentent de donner une vision de la réalité française à travers des documents écrits dont le contenu n'est pas vraiment organisé par thèmes mais plutôt déterminé par le contenu linguistique, communicatif et situationnel à l'oral. On peut noter quelques tentatives pour présenter la réalité de la francophonie dans SF et CST.

• Dans EFM et LFRA, il s'agit plutôt de proposer à l'oral en compréhension des documents portant sur des thèmes comme la famille, le chômage, etc. qui permettront aux apprenants d'exprimer leurs opinions dans des séances d'expression sur ces thèmes. Par ailleurs LFRA traite ces aspects en faisant établir aux apprenants une comparaison entre culture française et culture allemande.

Enfin, ce qui est commun à toutes ces méthodes, c'est le fait que les documents authentiques constituent un support privilégié pour aborder les contenus culturels. Ceci dit, il reste évident que les contenus culturels ne sont pas un point-clé dans un matériel pour débutants et qu'ils sont reportés à un niveau plus avancé.

• AR propose à l'apprenant une liste d'énoncés pour chaque acte sans fournir d'indications sur le choix de tel ou tel énoncé. Ce matériel linguistique fourni est réinvesti dans des jeux de rôle, alors que LFRA propose un travail plus complet sur ces actes : dialogues, réalisation d'une activité en commun, tableau proposant un schéma d'interaction : « inviter, refuser, réactions, s'excuser, réactions, accepter, remercier ».

Cet examen des contenus de communication ne peut pas être le seul point qui permette de juger d'un réel développement de la compétence de communication, il faut également prendre en compte les activités que l'apprenant est amené à réaliser dans ce but. Cependant on peut constater que dans SF et CST les contenus de communication sont plutôt éclatés et que les contenus grammaticaux sont prédominants, avec pour SF plus d'importance accordée à la situation de communication comme dans la méthodologie audiovisuelle.

Dans AR, la dominante pour les contenus est la notion (caractérisation), et il y a une tentative pour relier communication et grammaire, avec parfois des contradictions. Ainsi l'U3 propose un travail sur l'imparfait, un tableau sur les possessifs, qui n'ont pas de relation avec les objectifs fonctionnels (localiser un objet, chercher un moyen de transport, prendre rendez-vous, inviter à sortir).

LFRA semble être le matériel qui offre la plus grande cohérence dans la relation entre contenus de communication et contenus de grammaire.

Dans ce cadre, le *Niveau-Seuil* peut constituer un outil de référence, ce qu'il est objectivement, un outil applicable directement. Certains ensembles laissent transparaître une adaptation de la démarche du Niveau-Seuil, et d'autres une simplification du Niveau-Seuil.

III. LES CONTENUS GRAMMATICAUX

Pour ce qui concerne la **grammaire**, on peut classer les 5 méthodes examinées en 3 catégories :

- EFM et LFRA proposent un travail grammatical entièrement dépendant de la réalisation des objectifs de communication.
- CST et SF accordent à la grammaire une place très importante et opèrent un retour à la grammaire traditionnelle sans doute en réaction aux MAV.
- AR met en place une adaptation de la partie grammaire du *Niveau-Seuil*, et s'oriente vers une grammaire notionnelle.

Si on met à part EFM, qui en tant que matériel complémentaire suppose que l'apprenant a déjà acquis une certaine compétence linguistique, on constate que les 4 autres méthodes font une large part à la grammaire explicite. On y trouve des tableaux quasiment identiques pour certains points de morphologie et de syntaxe (voir par exemple l'adjectif possessif dans CST, SF et AR). Ces tableaux sont intégrés aux leçons SF, AR, LFRA ou reportés à la fin du livre de l'élève (CST). On propose à l'apprenant des exemples et des règles de fonctionnement (sauf dans LFRA). Seul LFRA, construit en fonction d'un public homogène, fait référence au fonctionnement de la langue maternelle.

Si plusieurs de ces méthodes font référence à la conceptualisation comme technique permettant à l'apprenant de découvrir le fonctionnement de la langue (LFRA, EFM, SF, AR, CST), cette technique n'est pas définie et réalisée de la même manière dans les 5 méthodes :

- EFM propose une conceptualisation essentiellement à partir des productions des apprenants à travers les exercices.
- LFRA propose une conceptualisation des règles morpho-syntaxiques, mais également une conceptualisation psycho-socio-linguistique (mise en relation des choix linguistiques et des usages socioculturels) à partir de documents prévus dans cet objectif. La démarche pédagogique à suivre est fournie à travers des exemples, mais une large part est laissée à l'initiative du professeur.
- AR est sans doute la méthode qui fournit les exemples les plus précis pour réaliser une conceptualisation (U4, U5, U6, U7) dans une perspective notionnelle.
- CST et SF recommandent d'utiliser la conceptualisation, mais on peut se demander si l'apprenant sentira la nécessité de découvrir les règles dans la mesure où elles sont données dans le matériel lui-même.

Par ailleurs, pour que l'apprenant ait les moyens de découvrir la règle, il est nécessaire qu'il ait les éléments pour le faire.
Dans la ligne des méthodes audiovisuelles, on peut souligner l'importance

accordée à **l'acquisition d'automatismes** (CST, AR, SF). Les exercices de type traditionnel ou structural (même s'ils portent sur une notion) sont nombreux. Tout en reconnaissant la nécessité de systématiser à certains moments de l'apprentissage, on note qu'il s'agit essentiellement de systématiser le fonctionnement morphosyntaxique de la langue et rarement le fonctionnement de la communication.

Pour conclure, on remarque que dans les méthodes examinées, deux manières d'aborder le problème, qui existent dans d'autres méthodes, sont exclues :

- l'apprentissage de la grammaire n'est pas totalement rejeté au profit de la communication ;
- il n'y a pas de tentative d'application systématique d'une théorie, comme dans la méthode d'enseignement de l'anglais *Behind the words*.

IV. LA MÉTHODOLOGIE

Bien que nous ne soyons pas en présence, dans ces méthodes, de phases rigides comme dans l'audiovisuel, la **démarche** est toujours plus ou moins construite à partir du schéma suivant:

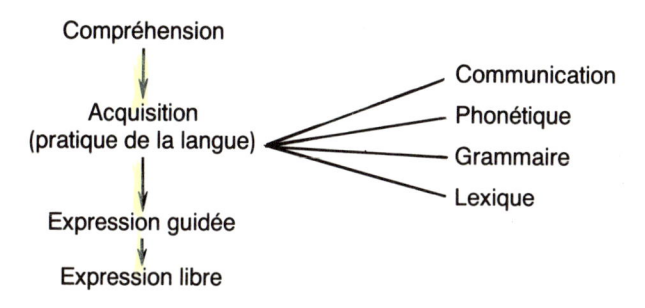

```
Compréhension
    ↓
Acquisition                    ── Communication
(pratique de la langue) ◄──── ── Phonétique
    ↓                          ── Grammaire
Expression guidée              ── Lexique
    ↓
Expression libre
```

Si les activités de EFM et LFRA sont plutôt communicatives, dans les autres méthodes l'**éclectisme** domine: certaines activités sont communicatives, la méthodologie est fortement influencée par les méthodes traditionnelles (CST, SF) et par les méthodes audio-visuelles (SF, AR).

— Si on examine les documents et activités qui correspondent aux trois phases de travail (compréhension, acquisition, expression), on constate: que, pour la compréhension, on retrouve le dialogue des MAV, accompagné d'images dans SF; qu'AR propose plusieurs dialogues, avec une image plutôt situationnelle; que CST vise à développer la compréhension globale; que dans EFM, les documents de compréhension servent plutôt à introduire d'autres activités. LFRA propose à la place des dialogues des tâches à réaliser (puzzle, conversations à reconstituer).

Cette variété pour les activités de compréhension se retrouve dans les exercices qui visent à systématiser des points de fonctionnement. On trouve:

- des exercices de repérage (CST) du type «Soulignez les pronoms personnels» (CST, p. 49);
- des exercices à trous du type: «Complétez avec les pronoms personnels...» (CST, p. 49);
- des exercices de transformation (AR, CST, SF);
- des exercices à partir d'un jeu de questions-réponses (CST, SF, AR, LFRA, EFM);
- des conversations à compléter ou à reconstituer (LFRA, EFM, CST);
- des exercices de paraphrase visant à expliciter la situation de communication (AR, LFRA, EFM).

L'APPROCHE COMMUNICATIVE

— En ce qui concerne les **activités de production**, on peut établir plusieurs catégories:
- Expression à partir de **supports**:
  - dessins, photos, collages... dans CST;
  - photos dans AR;
  - dessins, photos dans SF.

Ces documents ont pour objectif soit de faire travailler des formes linguistiques (SF, p. 99: il pense aux vacances. Qu'est-ce qu'il va faire? À partir d'une série de dessins et de consignes, il s'agit de faire produire des futurs); soit de faire travailler des actes (CST, p. 45: 3 dessins pour faire produire des salutations); soit de faire expliciter des situations (AR, p. 89: Pouvez-vous analyser les situations représentées dans ces photos de films?).

- Expression à partir du **groupe** lui-même (débats, discussions, réalisation d'une tâche). On trouve ce type d'activité surtout dans EFM (débats, remue-méninges...) et dans LFRA. Ainsi le dossier 8 fonctionne sur «faire quelque chose ensemble et décider des modalités»; dans les consignes on signale: «Le P insiste sur **la réalité de la tâche** et sur les conséquences qui en découlent». On trouve la même activité dans CST à la leçon 13, mais il n'y a pas d'indication sur le caractère réel ou simulé de l'activité.

- Ceci nous amène à la troisième catégorie d'activités d'expression: les **simulations** et les **jeux de rôle** qui semblent être définitivement entrés dans la classe de FLE. La manière de réaliser cette activité varie d'une méthode à l'autre:

— dans SF, il s'agit soit de la phase de transposition des MAV (Livre du professeur, p. 66: «Les fermiers, un soir, invitent les campeurs»), soit de dialogues à créer à partir d'une situation (Livre de l'élève, p. 113: «Vous avez envie d'aller au cinéma, de partir en vacances, d'apprendre le chinois... votre voisin n'est pas d'accord! Dialoguez!»);

— dans AR, les jeux de rôles fonctionnent à partir de canevas très précis: par exemple, p. 75:
«Recherche d'un bureau de poste.
Un passant demande le bureau de poste le plus proche.
Le passant 2 ne peut pas le renseigner.
Le passant s'adresse à une autre personne.
Cette personne lui demande ce qu'il veut faire à la poste.
Le passant 1 veut téléphoner.
Le passant 3 lui répond qu'il y a un téléphone à l'arrêt d'autobus.
Le passant remercie.»

La situation et le contenu des échanges sont donc fixés. La mise en place du jeu est assez longue et les initiatives des apprenants relativement limitées. On trouve le même type de canevas dans CST (p. 73 sur la demande d'itinéraire), mais en général CST propose des consignes très larges du type: « Essayez de décrire quelque chose, de donner une information... »

— Dans EFM, le choix de la situation peut s'effectuer avec les apprenants à partir de consignes larges (p. 43): « L'enseignant pourra exposer quelques situations conflictuelles à ses élèves ou en établir une liste avec eux. Les élèves choisiront une ou plusieurs de ces situations qu'ils essaieront de définir en groupes. Ils se distribueront ensuite les rôles et joueront la scène devant la classe. L'enseignant aura un rôle de conseiller et n'interviendra pas directement ni dans la préparation ni dans le déroulement du jeu. »

— Dans LFRA, les consignes sont également assez larges (p. 48: demander de garder un enfant, rapporter quelque chose).

Les consignes de réalisation du jeu sont aussi très précises et prévoient un travail sur les productions des élèves. À partir de la même activité, on peut donc mesurer les écarts méthodologiques:
- objectifs mêmes de l'activité: production libre ou visant à faire produire à l'élève des formes linguistiques définies à l'avance;
- importance de la phase de préparation (interactions élève-élève), à l'écrit ou à l'oral;
- initiative de l'élève dans le choix de la situation, des personnages, des réalisations linguistiques;
- prise en compte des productions des élèves.

Il nous semble qu'il se dégage de l'analyse de ces 5 ensembles l'idée d'une **méthodologie-compromis**: on propose certes à l'enseignant des techniques nouvelles tout en le sécurisant par des pratiques qu'il connaît bien. Ainsi le fait que le document sonore authentique soit assez peu utilisé (sauf pour LFRA et EFM), à l'inverse des documents écrits, semble s'expliquer non par la difficulté qu'il y a à trouver des documents sonores mais par le fait qu'il est plus aisé de faire passer un contenu linguistique déterminé dans des documents fabriqués; on peut aussi supposer que les enseignants auront moins de difficultés à utiliser des documents écrits, ne serait-ce que parce que l'écrit est un mode traditionnel d'enseignement.

Enfin, en ce qui concerne l'évaluation, au-delà des tests qui se trouvent dans SF, il n'est pas encore acquis que l'évaluation et l'auto-évaluation fassent partie du processus même d'apprentissage sauf dans CST et LFRA qui intègrent des procédures d'auto-évaluation par le goupe.

V. LA CONCEPTION DE L'APPRENTISSAGE

Il est possible de dégager de l'analyse des 5 méthodes un certain nombre d'idées communes sur l'apprentissage.

À des degrés divers et en y réussissant plus ou moins bien, ces méthodes semblent s'appuyer sur l'idée qu'une **participation active** des apprenants est nécessaire pour apprendre une langue étrangère, ceci se réalise par différents moyens :

— variété dans la structure de travail : **groupe-professeur, élève-élève** dans les activités par petits groupes, **élève seul** dans les activités individuelles ; en effet toutes les méthodes proposent des activités à réaliser par petits groupes (bien que SF et CST soient assez peu explicites sur ce point) ; on trouve dans CST, SF, AR et LFRA des exercices individuels ; on peut cependant noter que les exercices proposés dans CST et SF sont très traditionnels ;

— CST et LFRA essaient de mettre en place des activités favorisant l'auto-apprentissage, l'apprenant peut donc développer des **stratégies** pour enrichir ses connaissances dans la langue étrangère ;

— l'apprenant est amené dans CST, EFM, LFRA à intervenir dans le déroulement même des activités à réaliser, car on considère qu'il faut prendre en compte son avis sur l'apprentissage.

L'apprentissage d'une langue étrangère ne se réalise pas de façon linéaire ; lorsqu'un point est travaillé, il n'est pas forcément acquis. Ceci a pour conséquence une attitude moins normative par rapport à l'erreur et une **prise en compte des productions** des apprenants (LFRA et EFM surtout). On voit également apparaître des bilans (CST, SF), des dossiers de mise à jour (LFRA). Dans les contenus mêmes, un point n'est pas traité une fois pour toutes (CST, SF).

Il semble nécessaire pour l'apprenant d'avoir un savoir explicite sur la langue ; ceci peut se traduire par l'introduction de conceptualisations, par le recours à une grammaire de référence, traditionnelle dans CST et SF, notionnelle dans AR, pragmatique dans EFM et LFRA.

La diversité des activités proposées dans chaque méthode semble correspondre à l'idée selon laquelle les stratégies d'apprentissage sont diverses et qu'il convient de ne négliger aucun moyen (utilisation de la langue maternelle dans LFRA par exemple).

Dans le même sens, le travail dirigé et parfois mécanique (présent dans SF, à un degré moindre dans CST et AR) occupe une place importante ; on peut s'interroger sur son efficacité dans le développement de la compétence de communication et sur ses conséquences quant à la motivation des apprenants.

VI. LES APTITUDES

Un des points qui permet de différencier ces méthodes des MAV est incontestablement la **place de l'écrit**. Bien que l'acquisition de l'oral soit encore très largement privilégiée (EFM et LFRA dans les objectifs, AR et CST d'une manière moins explicite), l'écrit retrouve une fonction dans l'apprentissage : mémorisation, support d'apprentissage, pratique de la langue à l'écrit dans des exercices. L'importance du manuel témoigne bien de cette réhabilitation de l'écrit. Sur ce point, on prend en compte le fait que des apprenants adultes ont une pratique de l'écrit par leurs expériences d'apprentissage antérieures et leurs expériences professionnelles, on ne diffère plus l'acquisition de l'écrit et on n'hésite pas à donner à l'apprenant la transcription des dialogues et des documents travaillés à l'oral.

En ce qui concerne la pratique de la communication écrite proprement dite, on constate que la place faite à la compréhension écrite, en général à partir de documents authentiques, est assez large : CST, AR, SF, LFRA. En ce qui concerne la production écrite, les attitudes varient :

- dans LFRA, peu d'activités de production écrite, puisque ce n'est pas l'objectif du matériel ;
- dans CST, une leçon seulement mentionne la production écrite alors que la compréhension écrite est largement travaillée ;
- dans AR, tout en signalant l'existence d'un axe écrit, ceci est vrai pour la compréhension, les activités de production écrite sont peu nombreuses et sont parfois reliées à la pratique de l'oral : utilisation des canevas de jeux de rôles à l'écrit ;
- dans SF, les activités de production écrite sont relativement nombreuses et en relation avec l'objectif de la leçon. Dans cette méthode, les exercices écrits (traditionnels ou structuraux) jouent un rôle important dans l'acquisition des éléments linguistiques.

VII. LES PERSPECTIVES

Ce rapide parcours à travers cinq ensembles didactiques nous a permis de constater que les méthodes universalistes analysées utilisent dans leur conception plusieurs types de méthodologie : traditionnelle, audio-visuelle et communicative. Il est de toute évidence plus simple de répondre à des besoins précis dans le cadre d'un matériel conçu pour un public précis.

Les méthodes conçues pour des publics précis présentent dans leur structure et les activités qu'elles proposent des analogies avec les méthodes universalistes (utilisation de documents authentiques par exemple). Cependant elles présentent une approche différente pour ce qui concerne le rapport entre langue maternelle et langue étrangère et la relation entre la culture d'origine et la culture étrangère.

L'utilisation de la langue maternelle peut être systématique et relever d'une traduction qui permet à l'élève de comprendre les phrases introduites en langue étrangère (1).

Elle peut se limiter aux règles grammaticales, aux consignes comme nous l'avons vu dans LFRA. Mais la langue maternelle peut également faciliter l'accès au sens ; ainsi dans *Visa pour le français* (2), conçu pour les pays du Golfe, les auteurs traduisent certains mots difficiles et proposent des résumés de dialogues en arabe, ceci afin de faire l'économie de certaines explications en français.

Par ailleurs cette méthode propose tout un travail comparatif au niveau de la culture à partir des thèmes introduits dans les dialogues. Cette manière d'aborder la culture étrangère a également comme effet de faire réfléchir les élèves sur leur propre culture et de leur faire prendre conscience des différences culturelles.

La prise en compte d'un public permet également d'intégrer dans la progression les difficultés prévisibles de ce public, par exemple au niveau de la phonétique ou de la grammaire. Enfin certaines méthodes adaptées à un public choisissent de renforcer les habitudes d'apprentissage des élèves (apprentissage par cœur, grammaire traditionnelle par exemple).

On peut cependant s'interroger sur le coût que représente l'élaboration de méthodes adaptées à un public, en mettant en perspective ce coût et des résultats parfois décevants.

D'un autre point de vue, le développement de matériaux complémentaires semble être l'indice d'une tendance méthodologique qui correspond

---

(1) Voir par exemple : Schmitt Conrad, J. Helstrom Jo. *French Illuminations*, Mac Grew Hill.
(2) Abback Idriss, Challe Odile, Vréher Anne. *Visa pour le français*, Édifra 1982.

mieux aux principes de l'approche communicative et qui peut se résumer de la manière suivante :

| Utilisation d'une méthode universaliste
↓
Progression fournie par cette méthode | Utilisation « à la carte » de différents matériaux complémentaires
↓
Objectifs :
— pallier certaines carences de la méthode de base,
— développer certaines aptitudes,
— répondre aux besoins et motivations d'un public particulier. |

Les domaines dans lesquels se développent des matériaux complémentaires sont identifiables :

— *La grammaire* : les grammaires (ouvrages de référence et exercices) semblent confirmer le retour à une grammaire explicite.

— *La civilisation* : les différents matériaux qui ont comme objectif de fournir des connaissances sur le plan de la civilisation peuvent permettre de développer d'une certaine manière la composante socioculturelle de la compétence de communication.

— *Des aptitudes telles que la compréhension orale et l'expression écrite* : en effet les méthodes universalistes proposent en général pour travailler la compréhension orale un type d'interaction qui est presque toujours le dialogue et qui est exploité comme dans les méthodes audio-visuelles. De la même manière, la production écrite est peu abordée sous l'angle de la composante textuelle ; nous avons noté pour la méthode *cartes sur table 1* le jeu d'activités de production écrite. Les matériaux complémentaires axés sur l'écrit tentent, en partie, de mettre en pratique les recherches effectuées sur la grammaire de texte.

— *La créativité* : plusieurs ouvrages proposent à l'enseignant des activités complémentaires qui relèvent de l'utilisation de jeux en classe de langue, de jeux de rôle, de simulation globale ou de techniques de travail qui sont peu intégrés dans les méthodes universalistes.

La perspective que nous venons de mentionner est en fait une voie qui permet de mieux répondre aux besoins et motivations des apprenants. Si la progression est donnée par la méthode de base, c'est l'enseignant qui établit dans sa classe la cohérence de l'ensemble des activités et documents qu'il exploite.

Cette démarche permet sans doute de mieux intégrer les différentes composantes de la compétence de communication, de donner au travail en classe une dimension communicative plus large et d'intégrer des formes de discours plus variées.

VIII. SYNTHÈSE

Grille de synthèse

	AR	CST	SF	EFM	LFRA
TYPE DE MÉTHODE					
Universaliste	+	+	+		
Spécifique					
- Par le public				+	+
- Par les aptitudes				+	+
MATÉRIEL					
Livre du professeur	+	+	+	+	+
Livre de l'élève	+	+	+	+	+
Livre d'exercices	+		+		
Cassettes	+	+	+		
Films fixes	+		+	+	+
Planches			+		
PRÉSENTATION					
Attrayante/variée	+	+			
Classique			+	+	+
ACQUISITIONS DOMINANTES					
Compétence de communication				+	+
Compétence linguistique					
Comp. de communication/linguistique	+	+	+		
Oral	+	+		+	+
Écrit					
Oral/Écrit			+		
CONTENUS					
Communicatifs					
- Actes de parole	+	+	+	+	+
- Notions	+		+		+
Grammaticaux	+	+	+		
Lexicaux			+		
Phonétique			+		
Apprentissage		+			
PROGRESSION					
Fonctionnelle (actes de paroles)		+	+	+	+
Notionnelle	+				+
Structurale	+	+	+		

	AR	CST	SF	EFM	LFRA
GRAMMAIRE					
Intégrée à l'approche fonctionnelle/notionnelle	+			+	+
Traditionnelle		+	+		
Structurale	+	+	+		
Tableaux de grammaire	+	+	+		+
Conceptualisation	+		+	+	+
DOCUMENTS/ACTIVITÉS					
Documents authentiques sonores				+	+
Documents fabriqués sonores	+	+	+	+	+
Documents authentiques écrits et visuels	+	+	+	+	+
Exercices traditionnels		+	+		
Exercices structuraux	+	+	+		
Exercices portant sur la communication	+	+	+	++	++
Production dirigée	+	+	+	+	+
Expression libre	+	+	+	++	++
MÉTHODOLOGIE					
Traditionnelle		+	+		
Audio-visuelle	+		+		
Communicative	+	+	+	+	+
ÉVALUATION					
Test			+	+	
Auto-évaluation		+		+	+
APPRENTISSAGE					
Travail Individuel	+	+	+		+
Développement de l'auto-apprentissage		+			+
Discussion avec l'enseignant		+		+	+

N.B.: ++ = dans une proportion importante

TROISIÈME PARTIE

UNE EXPÉRIENCE DE CLASSE DE FLE

Nous allons à présent examiner de manière plus concrète comment peut se dérouler une classe basée sur les principes de l'approche communicative dans une situation donnée.

Nous nous appuierons sur une série de classes dont les principes ont été mis au point par un groupe d'enseignants du CLAB (1) à partir de 1978, en prenant comme références les travaux de Wilkins et le Niveau-Seuil (2). La présentation de ces expériences sera concrétisée par une description de la progression, des objectifs et des contenus traités et un échantillon de documents utilisés l'illustrera.

Il est évident que si certains principes pédagogiques sont transférables à d'autres situations d'enseignement, la mise en œuvre de ce cours prend en compte les caractéristiques de la situation présentée :
— public d'adultes ;
— petit groupe ;
— enseignement de type intensif ;
— enseignement en milieu endogène ;
— enseignants formés à l'élaboration de matériel didactique.

---

(1) Voir les articles concernant cette expérience : Anderson P., Berard E., Cretin M., Girod C. (1979) : Claudinoclab, *Anthobelc 1*, BELC. — Berard E. (1978) : « À propos d'une expérience pédagogique », *Actes du Congrès de la FIPF*. — Berard E., Girod C. (1979) : « Argumentation dans le discours de l'apprenant », dans *Argumentation et communication*, Actes des journées d'études BELC. — Berard E., Girod C. (1981) : « Pratiques communicatives et pédagogie », dans *Champs éducatifs* n° 3. Ainsi que les dossiers CLAB : Anderson P., Berard E., Cretin M., Girod C. : Présentation. Demande de renseignements, CLAB 1978. Albert MC., Anderson P., Bérard E. : Compte rendu de la classe expérimentale, CLAB 1979.
(2) Wilkins D.A. (1973) : « Contenu linguistique et situationnel du tronc commun d'un système d'unités capitalisables », dans *Système d'apprentissage des langues vivantes par les adultes*, Conseil de l'Europe. — Coste D. et Alii (1976) : *Un Niveau-Seuil*, Conseil de l'Europe.

I. LES PRINCIPES

Les principes de ce type de cours sont généraux et peuvent être adaptés à des situations diverses. Ils relèvent à la fois de la pédagogie et de la didactique du FLE. Il s'agit de mettre en œuvre les orientations suivantes :
— essayer de donner le plus rapidement possible à un étudiant étranger les moyens linguistiques de survivre en France ;
— réaliser un travail dans la classe essentiellement à partir de documents authentiques et à partir des productions des apprenants afin d'avoir un cadre de référence communicatif plus proche de celui de la réalité qu'il ne l'est dans les MAV (3) ;
— repenser la relation compréhension/expression en accordant plus d'importance à la compréhension en début d'apprentissage ;
— utiliser des techniques méthodologiques diversifiées ;
— retrouver une dimension pédagogique parfois évacuée par l'audio-visuel (organisation du travail, travail en petits groupes, réalisation de tâches, etc.) ;
— redéfinir la relation élèves-enseignants et la relation élèves-élèves tout en créant un climat dans la classe qui favorise les interactions ;
— impliquer les apprenants dans leur apprentissage en les faisant activement participer à l'organisation du travail et à la gestion du groupe (4).

I.1. Définir des objectifs

Nous nous sommes basés pour définir les besoins du public sur la connaissance que nous avions de ce type de stagiaires. Il s'agit d'un public d'adultes, débutants ou faux débutants, arrivant en France, qui désirent apprendre le français pour des raisons diverses :
— entrée dans une université ou une école française ;
— études dans leur pays nécessitant le français ;
— travail dans une société française à l'étranger ou étrangère en France ;

---

(3) Hymes DH. (1972) : « Models of the interaction of language social life » dans *Directions in Sociolinguistics*, Holt Reinhardt and Winston. — Dalgalian G. et alii. (1981) : *Pour un nouvel enseignement des langues*, CLE INTERNATIONAL, p. 54-55.
(4) Nous voudrions signaler les principes que mettent en avant S.D. Krashen et T.D. Terrell (1983) dans leur ouvrage *The Natural Approach*, Pergamon/Alemany, en ce qui concerne l'acquisition d'une langue : la compréhension précède l'expression ; la production se construit par étapes, il est important de ne pas forcer les élèves à parler et de ne pas corriger les erreurs qui ne gênent pas la communication ; le syllabus doit être construit en termes d'objectifs de communication ; l'atmosphère de la classe et les bons rapports à l'intérieur du groupe-classe doivent faciliter l'acquisition ; p. 20 et 21.

— plaisir ;
— raisons familiales.

Le point commun à tous les stagiaires, malgré ces motifs d'apprentissage très divers, était que tous devaient passer en France un temps allant de 2 mois à plusieurs années. Par conséquent, l'objectif d'un cours intensif (de 150 à 250 heures) était de donner à ces stagiaires les moyens linguistiques minimaux pour vivre en France. Nous avons réalisé *a priori* un recensement des situations auxquelles les stagiaires seraient confrontés et des actes qu'ils auraient à produire ; ce recensement a été corrigé et modifié par les discussions hebdomadaires que nous avions avec les stagiaires.

Les **objectifs** d'enseignement/apprentissage ont été formulés en terme d'**actes de parole** (il serait plus juste de dire **macro-actes** par rapport au Niveau-Seuil), de **notions** et de **pratiques discursives**.

Nous parlons de macro-actes dans la mesure où, d'une part, l'inventaire établi dans le Niveau-Seuil ne nous semblait pas utilisable tel quel et où, d'autre part, une de nos préoccupations était de travailler sur des échanges complets afin de ne pas découper la communication. Il nous semblait en effet important de travailler avec des débutants dès le début de leur apprentissage sur le discours plutôt que sur la phrase et de faire établir par les apprenants le rapport entre intentions de communication et réalisations linguistiques.

I.2. Définir des contenus

La programmation adoptée est **notionnelle**, c'est à dire que le cours est structuré par :

— un certain nombre d'actes (ou de **macro-actes**) de parole comme : demander un renseignement, accepter, refuser, se présenter, etc., ou de pratiques discursives comme : décrire, raconter, etc., ou plus largement des catégories de communication (fonctions) telles que l'ordre, la menace, le désaccord, etc. (5) ;

— des notions ou catégories sémantico-grammaticales comme l'identification, la localisation dans l'espace, la quantification, etc. Ces notions ne sont pas traitées uniquement en termes de moyens linguistiques mais

---

(5) Ces actes de parole ou catégories de communication ne correspondent pas à des catégories grammaticales : « Si l'enseignement de langues a jusqu'à présent insisté bien davantage sur l'acquisition des moyens de relater et décrire les choses plutôt que de les accomplir, c'est parce que l'apprentissage des notions lexicales (ordre-menace) a été substitué à celui des moyens d'expression directe et parce que les catégories grammaticales ont trop souvent été assimilées à des catégories de communication (impératif = ordre, interrogatif = question, comparatif = comparaison). » Wilkins, D.A. dans *Système d'apprentissage des langues vivantes par les adultes*, Conseil de l'Europe 1973.

également dans leur rapport à un acte de parole et à la situation de communication (comment s'identifie-t-on par écrit, en face-à-face, au téléphone, au début ou à la fin de l'échange, face à un interlocuteur connu ou inconnu, selon l'objectif de l'échange).

C'est l'ensemble de ces contenus (actes de parole, pratiques discursives, notions) que nous avons appelé contenus notionnels. Ils sont toujours traités dans des situations de communication réelles et à partir de documents authentiques. On ne fait pas correspondre une notion à un acte de parole ; la même notion peut apparaître en relation avec différents actes. À titre d'exemple, nous proposons une grille indiquant les contenus pour environ 125 heures de cours (intensifs dans ce cas).

À propos de ces contenus, nous devons également signaler que :
— le temps consacré à un acte (ou une pratique discursive) varie en fonction du public, de ses besoins, des difficultés ressenties ;
— ces contenus sont programmés en fonction de l'urgence et des besoins, même si certains contenus trouvent une place logique (« se présenter » au début) ou si certains enchaînements semblent plus rentables que d'autres (« demander un objet » avant « demander un renseignement », « localisation dans l'espace » avant « localisation dans le temps »).
— certains actes ne font pas l'objet d'une programmation verticale, puisqu'ils fonctionnent dans un ensemble, par exemple, accord/désaccord, accepter/refuser ; ils peuvent cependant s'articuler avec plusieurs actes, ainsi accepter/refuser peut être traité en relation avec proposer, inviter, demander la permission.

L'APPROCHE COMMUNICATIVE

ORGANISATION DES CONTENUS

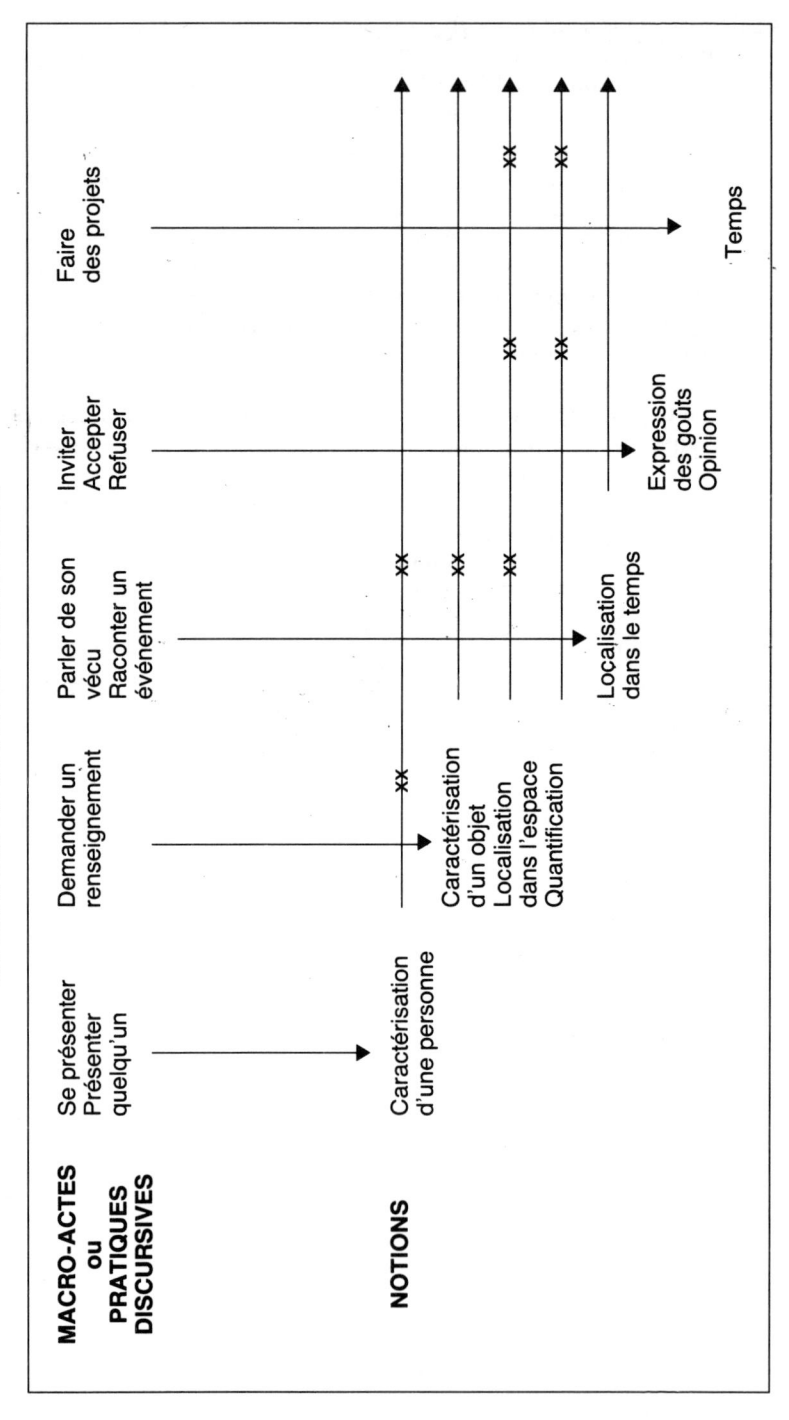

MACRO-ACTES ou PRATIQUES DISCURSIVES	Se présenter / Présenter quelqu'un	Demander un renseignement	Parler de son vécu / Raconter un événement	Inviter / Accepter / Refuser	Faire des projets
NOTIONS	Caractérisation d'une personne	Caractérisation d'un objet / Localisation dans l'espace / Quantification	Localisation dans le temps	Expression des goûts / Opinion	Temps

II. LA PROGRESSION DANS CE TYPE DE COURS

II.1. Les activités

Le travail s'organise autour de trois types d'activités :
— compréhension ;
— expression ;
— conceptualisation/systématisation ;
— Pour la **compréhension**, les contenus sont présentés dans des documents authentiques ou simulés. Si nous avons choisi de travailler parfois sur des documents simulés, c'est parce que le recueil de certains documents sonores est problématique : l'enregistrement des conversations est parfois impossible ; par ailleurs lorsque les interlocuteurs savent qu'ils sont enregistrés, leur comportement peut se modifier.

À partir des documents (sonores, vidéo, écrits), on effectue d'abord un travail de compréhension globale en tentant de faire retrouver aux apprenants les conditions de production (interlocuteurs, lieu, canal, objectif de l'échange). Le thème des documents proposés est choisi en fonction des préoccupations des étudiants ; pour la demande de renseignements par exemple, on a le choix entre des situations telles que :

- trouver un appartement ;
- organiser un voyage ;
- où trouver un objet donné et comment choisir ;
- accomplir des formalités administratives.

On prend toujours soin de présenter plusieurs documents ayant globalement le même objectif et comportant plus ou moins les mêmes actes et notions. On peut ainsi isoler plusieurs réalisations du même acte et mettre ces réalisations en relation avec les conditions de production (par exemple, la prise de contact varie selon que les interlocuteurs se connaissent ou non, selon le lieu de l'échange, etc.).

On peut ainsi trouver les actes et notions suivants dans 3 documents portant sur la demande de renseignement :

ACTES DE PAROLE	DOCUMENTS			NOTIONS
	1	2	3	
Prendre contact avec l'interlocuteur	X	X	X	
			*	Identification
Demander un renseignement	X	X	X	
	*	*	*	Localisation temps ou espace
Demander une précision	X			
			*	Quantification
Vérifier que l'on a compris	X	X		
Fermer l'échange	X	X	X	

— Pour la **conceptualisation** et la **systématisation**, la démarche de travail est alternativement globalisante et analytique lorsqu'on extrait les différentes réalisations du même acte des documents de compréhension pour proposer aux apprenants une séance de conceptualisation, suivie d'exercices de systématisation.

La conceptualisation peut porter sur :

- les différentes manières de réaliser un acte (par exemple ouvrir/fermer un échange) ;
- une notion ou catégorie sémantico-grammaticale (par exemple dans la localisation dans le temps : la durée, la fréquence) ;
- un point morpho-syntaxique (par exemple la formation du passé composé) ;
- un point phonétique (intonation, phonèmes).

Les corpus permettant ces conceptualisations sont construits à partir d'extraits des documents de compréhension et des productions des apprenants (lorsqu'on peut les enregistrer).

De la même manière, les exercices (fabriqués ou extraits d'ensembles pédagogiques) peuvent permettre de systématiser l'un des éléments précédents.

— Les phases d'**expression** que nous voulons diversifiées, se réalisent dans les activités suivantes :
- simulations à partir de consignes très larges (inviter quelqu'un, demander un renseignement, s'informer sur une petite annonce par téléphone...). Il appartient aux apprenants qui travaillent en tandems ou par petits groupes de fixer la situation et les personnages.
- Jeux de rôle qui fixent situation et personnages ;
- jeux ;
- expression à partir de documents (images, photos par exemple).

Les médias utilisés sont également diversifiés dans la mesure où il nous a semblé important, dans le cadre d'un enseignement intensif, de ne pas démotiver les apprenants en leur proposant des activités et des supports trop répétitifs.

Les documents produits par les apprenants sont également des documents servant à l'analyse du fonctionnement de la communication et de la langue, ils permettent en outre d'orienter constamment le travail de compréhension et de conceptualisation. On pourrait résumer la relation entre les différentes activités de la manière suivante :

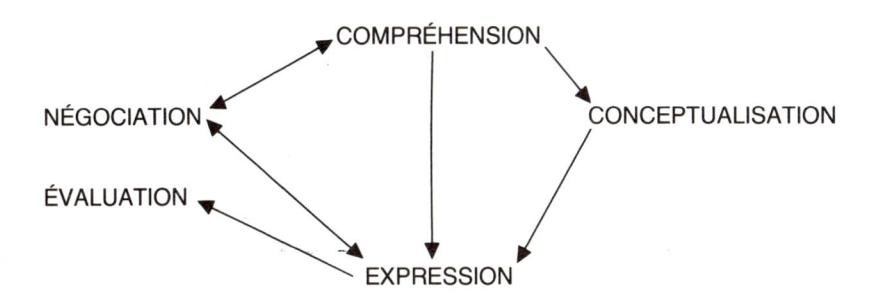

```
                    COMPRÉHENSION
                   ↗      ↑      ↘
      NÉGOCIATION ←              → CONCEPTUALISATION
                   ↘             ↙
      ÉVALUATION →              
                   ↘      ↓      ↙
                      EXPRESSION
```

Les activités que nous décrivons ici ne peuvent pas être considérées comme des phases rigides de la classe de langue qui doivent se réaliser dans un ordre pré-établi, mais des moments de travail avec des objectifs différents, ces objectifs étant clairement précisés aux apprenants.

— L'**évaluation** et la **négociation** font partie des phases du cours.

Ces phases de travail s'inscrivent dans un ensemble plus large, qui touche en fait à la façon de prendre en compte l'apprenant lui-même dans le processus d'apprentissage et de considérer les rapports qui s'établissent dans le groupe-classe. Il s'agit d'une part de responsabiliser l'apprenant et de le faire participer pleinement aux choix qui doivent être faits aussi bien en matière de progression que de méthodologie, documents et techniques de travail. Pour l'enseignant, il est capital d'être à l'écoute des apprenants lorsqu'ils s'expriment sur leurs besoins, difficultés ou stratégies d'apprentissage.

Nous considérons par ailleurs qu'une classe de langue est un groupe dans lequel se jouent des rapports sociaux, affectifs, qui permettent une communication entre les membres de ce groupe. Il n'est cependant pas question de tomber dans une non-directivité démagogique, mais il est important que l'enseignant puisse exprimer les objectifs des activités, ses choix méthodologiques en les confrontant au vécu des apprenants et que les décisions soient prises par l'ensemble du groupe.

II.2. L'évaluation

L'évaluation se réalise de différentes manières :

— Les productions des étudiants sont examinées comme des produits finis ; après chaque réalisation, l'enseignant propose une évaluation de ce qui a été produit dans une discussion guidée avec le groupe dans le but de savoir si l'échange produit correspond aux objectifs fixés au départ et de susciter les remarques de l'ensemble du groupe sur la communication (cohérence de l'échange par rapport aux composantes de la situation de communication, respect du registre utilisé...), sur la syntaxe, sur la phonétique en tentant de classer ces remarques, par exemple en n'accordant pas la même importance à une erreur sur un phonème selon qu'elle peut ou non gêner la communication ;

— lorsque les apprenants ont réalisé un certain nombre d'activités portant sur le même objectif, les enseignants leur proposent de se confronter à la réalité pour vérifier leurs acquis en réalisant une tâche donnée, par exemple demander un renseignement par téléphone et l'obtenir ;

— les apprenants sont amenés à donner régulièrement leur avis sur leur progression à partir de productions enregistrées afin qu'ils puissent établir une comparaison entre le lieu où ils se situent dans leur apprentissage et le lieu où ils se situaient X semaines auparavant.

II.3. La négociation

Les séances de négociation (fixées de façon institutionnelle, en général une fois par semaine) permettent aux apprenants de :

— faire état de leurs difficultés dans la vie quotidienne et dans la classe au niveau du groupe, de l'acquisition de la langue étrangère et des activités ;

— prendre la parole sur leur façon d'apprendre et sur leur trajectoire d'apprentissage telles qu'ils les ressentent ;

— faire des propositions : le programme de chaque semaine étant soumis au groupe, discuté, modifié, l'ensemble du groupe prend position sur les modifications proposées.

Pour les enseignants, il s'agit de faire le bilan sur les activités d'une semaine, d'expliciter lorsque c'est nécessaire la conception du cours, la méthodologie et de trouver avec l'ensemble du groupe des solutions lorsqu'il y a problème.

En fait, ces séances ont pour but de confronter deux projets (d'apprentissage et d'enseignement) à partir d'un vécu commun pour parvenir à une efficacité maximale.

En conclusion, si nous avons choisi d'appeler ce cours «pratiques communicatives», c'est parce qu'il s'agit de dégager une façon ou des façons d'apprendre une langue étrangère à partir d'une pratique menée en commun et dans laquelle tous les partenaires sont impliqués même si leurs rôles sont différents et parce que l'objectif général est l'apprentissage de la communication en langue étrangère.

Il nous a semblé également important de prendre en compte les différentes manières de travailler des apprenants même si elles ne correspondent pas à notre projet méthodologique.

L'apprentissage de la communication en langue étrangère se réalise, pour nous, à travers trois étapes de travail :

— observation de la communication en français et analyse à partir de documents authentiques. Réflexion sur le fonctionnement de la communication et de la langue. Systématisation de certains points ;
— pratique de la communication en classe dans un cadre simulé, plus sécurisant pour l'apprenant s'il se sent à l'aise dans le groupe et parce que l'enjeu des échanges n'est pas réel ;
— mise en fonctionnement dans un cadre réel de la compétence de communication acquise dans la classe soit à l'extérieur de la classe, soit dans des échanges à l'intérieur de la classe qui impliquent l'apprenant (négociation par exemple).

III. QUELQUES TRAITS CARACTÉRISTIQUES DE CE TYPE D'EXPÉRIENCE

III.1 La communication dans la classe

L'analyse de plusieurs séances de classe (activités de compréhension, d'expression, de conceptualisation, de négociation) permet de dégager certaines observations.

La participation des apprenants en termes de production est variable mais n'est pas uniquement liée au niveau dans la langue étrangère. Les critères qui interviennent pour expliquer le taux de participation des apprenants peuvent être regroupés de la manière suivante :
— aisance dans la langue étrangère,
— aisance dans le groupe (relations amicales, connivence...),
— adhésion ou rejet par rapport à la méthodologie en général,
— personnalité,
— attitude par rapport aux difficultés rencontrées (repli ou expression de ces difficultés).

Dans l'analyse de la communication, on constate que le fonctionnement du groupe-classe présente des analogies avec le fonctionnement de groupes dans d'autres situations.

Ainsi, on observe à certaines occasions l'expression de conflits :
— entre les deux apprenants ayant un niveau supérieur aux autres à propos surtout de leurs conceptions de l'apprentissage et des activités que chacun juge les plus efficaces pour apprendre, lors des séances de négociation,
— entre les enseignants et les deux apprenants les plus faibles lorsque ceux-ci se trouvent en difficulté.

De la même manière le principe de coopération apparaît par petits groupes et se manifeste soit :
— entre apprenants de même langue maternelle,
— entre apprenants qui ont établi une relation amicale,
et n'est pas lié dans un cas comme dans l'autre aux niveaux en français.

Le caractère pédagogique de la situation apparaît essentiellement dans les phénomènes liés à l'inter-compréhension. Un nombre important d'interactions sont en fait soit des reformulations, soit des processus de vérification.

On constate également que les interactions ayant comme objectif l'inter-correction deviennent plus nombreuses au fur et à mesure de l'évolution du cours, dans les séances d'expression et de systématisation.

Enfin, ce qui semble significatif de la situation de classe, à l'intersection entre le pédagogique et le réel, c'est l'intention des apprenants de dire quelque chose à l'autre, de se situer donc au niveau du sens, dans le cadre d'exercices de simulation ou d'exercices ayant un objectif linguistique.

Au-delà de l'activité communicative ou linguistique, de l'objectif qui consiste à produire des énoncés à partir de consignes, se manifeste l'implication des apprenants dans ce qui est dit. Ainsi dans les simulations, nous trouvons deux niveaux :
— le respect d'un schéma de conversation fixé par l'enseignant,
— des éléments qui renvoient à la relation inter-personnelle entre les apprenants.

III.2. Le rôle de l'enseignant

— Les interventions des enseignants peuvent se regrouper autour de grandes fonctions :
1. organisation du travail ;
2. facilitation de la communication au sein du groupe ;
3. référence au niveau de la langue, de la communication.

Mais selon le type de séance, une ou deux de ces fonctions sont privilégiées.

Pour *la compréhension* :
- référence au niveau de la langue, de la communication.

Pour *l'expression* :
- organisation du travail (mise en place de la séance par les consignes) ;
- référence pour la langue (correction).

Pour *la négociation* :
- facilitation de la communication.

Pour *la systématisation* :
- organisation du travail ;
- référence pour la langue (correction) ;

— Nous avons analysé le rôle de l'enseignant de façon plus détaillée lors des séances de négociation ; nous avons regroupé en 4 grandes catégories les fonctions de l'enseignant.

1. Faire que chaque apprenant donne son opinion ;
2. Participer à un échange d'informations ;
3. Faciliter l'intercompréhension ;

4. Corriger les erreurs.

Les analyses quantitatives des interventions des enseignants font apparaître qu'ils assument les rôles suivants :
- Organisateur, meneur de jeu : une grande partie de leurs interventions visent à solliciter l'opinion des apprenants sur les activités, le rythme de travail, les documents, le fonctionnement du groupe, et à donner la parole aux étudiants qui ne se sont pas exprimés.

On observe d'ailleurs au cours des séances une légère diminution des interventions qui vont dans ce sens ; ceci peut s'expliquer par le fait que les apprenants intègrent le rituel de ce type de séances et donnent leur avis sans être sollicités.

À partir de là, le rôle de l'enseignant consiste davantage à recentrer la discussion, à la faire avancer, à essayer de trouver des solutions ou des compromis avec les apprenants.

- Facilitateur de l'inter-compréhension entre les membres du groupe : une part d'interventions à peu près égale à la première est consacrée à faciliter la compréhension : on observe dans le discours des enseignants plusieurs reformulations, des questions aux apprenants pour vérifier qu'ils ont bien compris, ceci au niveau de l'interaction enseignants-apprenants. Mais il leur arrive également de jouer le rôle de médiateur dans le sens où ils reformulent opinions et propositions d'un apprenant pour l'ensemble du groupe.
- Expert au niveau de la méthodologie et de la langue : une part plus faible d'interventions sont consacrées soit à des explications de type méthodologique, soit minoritairement à la correction d'erreurs.
- Enfin les enseignants ont une participation à la discussion au même titre que les autres membres du groupe, c'est-à-dire qu'ils interviennent parfois pour donner leur avis, faire des suggestions ou poser un problème.

En comparaison, dans une séance de systématisation, près de 60 % des interventions sont centrées sur la correction. Dans les séances de simulation, il y a intervention de l'enseignant pour donner les consignes, mettre en place les groupes, aucune intervention de l'enseignant pendant la simulation, puis intervention à la fin, pour l'évaluation.

Le rôle de l'enseignant se définit par sa capacité à faire varier ses fonctions en liaison avec le type de travail réalisé. Le rôle qu'il peut avoir pour faciliter l'inter-compréhension apparaît comme un point clé dans la mesure où les apprenants sont familiarisés aux procédés consistant à expliquer, reformuler, expliciter.

Ces procédés sont repris lors des interactions apprenant-apprenant.

III.3. Le discours des apprenants sur leur apprentissage et sur les procédures d'enseignement

Les deux termes enseignement/apprentissage sont souvent utilisés ensemble comme s'il existait une transparence entre les deux; nous examinerons ce problème sous deux angles:
— la réaction des apprenants au projet d'enseignement mis en place par les enseignants;
— leur vécu quant à l'apprentissage de la langue étrangère.

Il s'agit essentiellement d'une analyse de contenu à travers les séances de négociations, le bilan final, les questionnaires individuels remplis par les apprenants en fin de stage.

■ **Le projet d'enseignement**

— Les apprenants estiment que ce type de **méthodologie** convient:
• À des apprenants qui veulent apprendre rapidement;
• À des apprenants motivés (qui ont envie d'apprendre);
• À des apprenants actifs, c'est d'ailleurs le premier point positif lors du bilan: cours actif = attitude active de leur part.

Le degré d'adhésion à la méthodologie employée va en augmentant, sans doute parce qu'il y a explicitation et précision à travers les activités elles-mêmes et les négociations. Il semble surtout que les apprenants trouvent mieux leur place dans le projet: le nombre de suggestions faites par les apprenants sur les activités et le déroulement du cours vont en augmentant.

— Par rapport aux activités de **compréhension**, les apprenants perçoivent tout à fait l'option choisie (plus de compréhension au début du cours, surtout la 1re semaine, puis un équilibre entre compréhension et expression), puisqu'à la fin de la 1re semaine, ils demandent unanimement plus d'expression.

Cependant, même s'ils signalent en fin de parcours que la compréhension est l'activité qui leur pose le moins de problèmes, au cours du stage, ils reviennent à plusieurs reprises sur la difficulté de comprendre des documents sonores authentiques:
• rapidité au niveau du rythme des conversations,
• rapidité du débit,
• voix différentes auxquelles ils ne sont pas habitués,
• particularités des documents liées au canal: le téléphone; au média: la radio.

Ce problème est évoqué dans les 4 séances de négociation avec plus d'insistance dans les 2 premières. On note également que pour certains apprenants, la compréhension est assimilée à une activité passive comme on le conçoit traditionnellement. Il n'y a pas de demande de la part des apprenants pour effectuer un travail plus analytique sur les documents sonores, mais les enseignants expliquent plusieurs fois leur conception de la compréhension globale. La transcription des documents sonores constitue un support permettant d'aller plus avant dans la compréhension détaillée et la mémorisation.

— Pour les activités **d'expression** les apprenants portent une appréciation positive sur :
- les discussions/débats ;
- les simulations en tandems enregistrées au magnétophone ou en vidéo.

Ils font état de leurs difficultés pour parler (et pour parler dans la rue surtout), de leurs blocages. Dans leurs questionnaires individuels, 80 % d'entre eux signalent qu'il est prioritaire d'améliorer leur expression orale soit sur le plan du débit, soit sur le plan de la correction, soit sur le plan de l'accent.

Enfin, il n'y a pas de leur part de demande pour que les enseignants les corrigent plus systématiquement, et d'ailleurs, il semble que si, au début, ils souhaitent plus « parler avec l'enseignant », au cours des semaines, ils trouvent profitables les échanges avec les autres apprenants et le travail par petits groupes.

— Les activités de **systématisation** (phonétique – exercices systématiques au laboratoire – conceptualisations) sont appréciées de façon beaucoup plus diversifiée. Les séances de phonétique apparaissent comme très utiles aux apprenants pour l'acquisition du rythme, de la prononciation mais aussi parce qu'elles leur permettent de mémoriser des « phrases utiles, quotidiennes ». Les exercices systématiques en laboratoire sont jugés nécessaires sauf pour un apprenant qui estime inutile de passer par des activités systématiques. L'ensemble du groupe a besoin de ces activités (qui représentent entre 1/3 et 1/4 du temps de travail selon les périodes du stage) qui privilégient soit la répétition et la mémorisation, soit un travail approfondi sur un point de morphologie, de syntaxe ou de communication.

— Par rapport aux **conceptualisations**, il est important de souligner que certains apprenants ne les assimilent pas à des activités grammaticales, bien qu'ils accomplissent les tâches demandées. Ceci vaut surtout pour les deux débutants du groupe, de même langue maternelle. Leurs demandes sont formulées de manière traditionnelle : les conjugaisons, le masculin/féminin des articles, le choix des prépositions, le futur.

— Autour de la **grammaire**, se dessinent trois attitudes :
- s'en remettre à l'enseignant et à son projet d'enseignement et retrouver des modes de travail connus : explication de la règle par le professeur et application ;
- estimer que l'explicitation de points grammaticaux (par l'enseignant ou à travers des conceptualisations) est inutile, que seule compte la pratique de la langue étrangère.

adhérer au projet proposé : dosage entre conceptualisation et exercices systématiques.

— **Les contenus de communication** suscitent très peu de remarques ; les objectifs de communication sont explicités chaque semaine aux apprenants. On notera qu'ils estiment dans le bilan final avoir atteint les objectifs de communication (présentés en termes de « être capable de... » à 70 % avec une variation de 50 % à 85 %).

Dans les remarques des apprenants, ce qui apparaît surtout, c'est le désir de travailler sur des contenus directement réinvestissables, sur une langue qui soit proche de celle qu'ils entendent lorsqu'ils quittent la classe.

— Dans cette perspective, l'appréciation portée sur les **documents authentiques** correspond à la même préoccupation.

Dans l'évaluation finale, à la question « Qu'est-ce qui vous a semblé le plus intéressant ? » les apprenants répondent :

- les informations radios ;
- les communications téléphoniques ;
- les choses réelles.

À la question « Qu'est-ce qui vous a semblé le plus utile ? » ils répondent :

- les conversations enregistrées ;
- les informations radios ;
- les interviews ;
- les extraits en vidéo.

— Pour ce qui concerne les **outils de travail**, les apprenants apprécient le travail au laboratoire de langue. En général, lorsqu'on pense que ce type d'outils est dépassé, on l'associe à une seule forme de travail : les exercices structuraux. Les apprenants jugent positifs :

— le travail individuel ;
— la reprise en laboratoire de documents travaillés en classe ;
— le fait de pouvoir choisir entre diverses activités : exercices ; écrit ; documents en compréhension.

— La **vidéo** apparaît comme un outil favorisant la motivation :

- à la fois dans l'utilisation d'extraits de documents vidéo (enregistrés par les enseignants ou provenant de la télévision) : possibilité de comprendre plus facilement avec le support visuel, intérêt des documents ;
- et dans l'appropriation que peuvent en faire les apprenants dans l'enregistrement des séances d'expression, dans le plaisir qu'ils trouvent à se regarder jouer. Lorsque l'outil est utilisé pour enregistrer leurs productions, la réaction est positive, et ils souhaitent l'utiliser plus.

■ **Le vécu des apprenants**

— La situation particulière : apprendre une langue et vivre dans le pays dont on apprend la langue est constamment présente dans ce que disent les apprenants sur leur apprentissage. Les débuts de l'apprentissage sont

L'APPROCHE COMMUNICATIVE

vécus comme un choc : impossibilité de communiquer dans le quotidien, difficultés de communication dans la classe.

Il apparaît que ce facteur de dé-sécurisation est très important au début de l'apprentissage, qu'il doit être moins important dans une situation scolaire ou se manifester sous d'autres formes.

Il est évident que cette dé-sécurisation est forte pour les apprenants débutants, pour ceux qui ne sont pas à l'aise dans le groupe, ou ceux qui n'ont aucune possibilité d'utiliser la transparence entre leur langue maternelle et la langue étrangère.

Le problème des niveaux différents dans le groupe et des rythmes différents d'apprentissage est constamment posé.

La relation entre la réalité de la langue et la difficulté d'entrer dans cette réalité est sans cesse évoquée par les apprenants. Ils se situent entre deux pôles :

- les documents réels sont difficiles ;
- il est indispensable d'être au contact de cette réalité et de se confronter à la difficulté.

Il est clair que la difficulté est stimulante pour la majorité du groupe.

— La demande des apprenants va dans le sens d'un équilibre entre activités faciles (globalement le travail sur des documents fabriqués/exercices) et activités difficiles (liées au réel). Ces activités difficiles leur permettent de poursuivre leur apprentissage de la langue à l'extérieur de la classe.

Pour l'ensemble des apprenants, le climat agréable de la classe, la variété des activités ne signifie pas que l'apprentissage d'une langue soit simple ; ils ont conscience de l'investissement qui leur est demandé.

Cette manière d'envisager le travail sur des documents réels est à mettre en regard avec l'évaluation/confrontation à des situations de communication avec des locuteurs francophones. La simulation qui ne pose jamais de problème dans sa mise en place et sa réalisation est perçue comme une répétition avant le contact avec le réel.

— Le groupe est perçu comme un moteur : les relations entre apprenants sont jugées cordiales, même si elles n'excluent pas le conflit. Le travail par groupe et la constitution des groupes est une structure qui permet de multiplier les échanges et elle est perçue comme telle.

Les apprenants ne posent jamais le problème de la relation aux enseignants en termes d'efficacité, mais en termes d'investissement et de disponibilité, ce qui nous renvoie au processus de sécurisation évoqué auparavant.

— On observe dans les séances de négociation un équilibre entre les interventions des enseignants et de l'ensemble des apprenants. L'évolution se situe surtout à deux niveaux : les enseignants consacrent beaucoup d'interventions dans les deux premières séances à la mise en place de l'activité elle-même et à une bonne intercompréhension entre les apprenants et eux-mêmes ; par la suite, leurs interventions sont plus centrées sur l'organisation de la discussion (tours de parole, contrôle du débat...)

Mais surtout la structure de communication évolue dans le sens d'une complexification des échanges. On passe du monologue entre l'enseignant et un apprenant à un débat dans lequel chacun défend son point de vue, fait des propositions sur le déroulement à venir du cours et qui débouche souvent, lorsqu'il n'y a pas de consensus, sur un compromis pour le groupe, situation à laquelle on est souvent confronté dans des situations non pédagogiques.

Les remarques précédentes ont fait état de difficultés ou de problèmes qui restent sans réponse dans le type d'approche utilisée. Il nous semble important de souligner que ce processus permet de réduire les malentendus, de verbaliser les difficultés, de mieux comprendre les comportements de part et d'autre. Dans ce sens, le processus fonctionne puisqu'il y a entre les partenaires de la relation pédagogique une zone où tous deux peuvent se situer :

- expression des difficultés ;
- prise en compte de la parole des apprenants sur la méthodologie, les activités, les documents ;
- prise en compte de la part des enseignants des difficultés même si elles ne peuvent se résoudre à court terme.

Conclusion

L'analyse de cette expérience nous amène à souligner que le fonctionnement d'un dispositif de ce type est possible à partir du moment où la motivation (enseignement – apprentissage) est partagée.

Le système est cohérent dans son ensemble puisqu'il est mis en place et géré par les enseignants en tenant compte des ressources de l'institution et du public.

Il s'agit d'une situation que l'on pourrait qualifier de privilégiée : conditions de travail – expérience des enseignants – objectifs des apprenants.

L'analyse de cette expérience accentue les écarts entre les apprenants : ce point, qui nous a interrogé, ne nous semble pas, après réflexion, être très éloigné de ce qui se passe dans d'autres institutions avec d'autres méthodologies. Les apprenants qui ont des ressources au niveau de la communication ou de l'apprentissage sont privilégiés : y a-t-il une différence avec le système scolaire ?

Cette expérience permet d'éclairer certains points :

— la motivation et l'implication sont des facteurs clés du succès de l'apprentissage ;
— les différences de niveaux sont à poser en termes d'approche conceptuelle, culturelle ; il faut donc analyser très vite ce que sont les apprenants et comment ils fonctionnent ;
— la non-remise en cause de l'identité de l'apprenant est capitale.

Enfin le transfert de ce type d'expérience ne peut se situer qu'au niveau global, de ce qui est généralisable pour la cohérence d'un projet pédagogique.

CONCLUSION GÉNÉRALE

Au terme de ce parcours, nous nous apercevons que l'ensemble que nous avons voulu traiter, l'acte pédagogique d'un point de vue communicatif, est très ambitieux : l'objet d'étude est lui-même multiple parce qu'il fait intervenir des domaines différents ; l'observateur quant à lui, est obligé de se situer dans plusieurs espaces.

L'analyse comparée des méthodologies qui se réclament de l'approche communicative fait clairement apparaître une cohérence globale des principes, des objectifs et du cadre théorique sous-jacent. Quand on passe en revue les diverses applications de l'approche communicative, on constate qu'il existe des pratiques déviantes, des abus de transfert, des distorsions entre les principes et les faits.

On peut maintenant aisément en comprendre les raisons. D'abord, l'ambition est grande de vouloir apprendre à communiquer tout en apprenant une langue... Ensuite, la généralisation hâtive de l'approche (ou d'une partie) à des publics variés dont les motivations ne sont pas forcément en rapport avec la communication, est certainement une cause majeure de résultats décevants. Et enfin, pour pouvoir efficacement apprendre à ses élèves à communiquer au sein de la classe, l'enseignant doit présenter un certain profil : à l'aise dans la langue étrangère, il doit aussi maîtriser la communication dans tous ses aspects culturels et psycho-sociologiques.

En effet, la motivation est de nature différente selon les publics. L'approche communicative est en fait construite autour du vecteur principal qu'est la double motivation de l'apprenant et de l'enseignant, dont les effets attendus sont les échanges au sein de la classe, éléments de base du développement d'une compétence de communication.

L'expérience que nous avons suivie durant six semaines dans une classe de débutants en français langue étrangère, nous a permis d'apprécier personnellement les potentialités de l'approche communicative et, à travers les difficultés de la mise en œuvre, de mieux comprendre ses exigences.

Ce que nous avons qualifié antérieurement de « flou » est en fait à rattacher à la souplesse inhérente à l'approche. Puisque communicative, l'approche doit être à l'écoute de l'autre ; elle comporte donc en elle-même les caractères intrinsèques de la variabilité, de la modification et de la réorientation.

Nous avons été particulièrement sensible aux problèmes variés liés au transfert qui conditionne le succès de l'approche : transfert de la théorie à la pratique, de la langue maternelle à la langue étrangère, d'une culture à une autre, d'un savoir à un savoir-faire, d'un savoir-faire à l'autre, d'un public à l'autre, etc. Cette activité de transfert est demandée à la fois à l'enseignant, à l'apprenant et à la méthode... Ceci peut paraître paradoxal mais cela permet en tout cas de comprendre qu'il n'est pas facile de le faire passer dans un manuel.

Ce concept très riche de transfert ne peut pas être éludé si l'on place la communication au niveau où elle doit fonctionner, c'est-à-dire dans une perspective dynamique. Nous pensons quant à nous que l'on a beaucoup dit et écrit sur l'approche communicative, sur ses bienfaits et ses méfaits... mais que l'on n'a peut-être pas assez communiqué, c'est-à-dire pas assez fait circuler la réflexion, l'expérience, dans les multiples formes de l'acte pédagogique.

EXEMPLES DE DOCUMENTS UTILISÉS

I. Compréhension orale : demander un renseignement

a. Document étudiant n° 1

Patrick	:	Allo, je voudrais savoir quelle est la marche à suivre pour téléphoner au Mexique s'il vous plaît ?
Employée	:	Je vais vous dire si le réseau est ouvert, hein...
P.	:	Oui.
E.	:	Alors vous formez le 19-52, Monsieur.
P.	:	19-52.
E.	:	L'indicatif de la ville.
P.	:	Oui.
E.	:	Et ensuite votre numéro.
P.	:	Oui. Et alors pour la ville de Mexico ?
E.	:	Je vais vous dire hein, Mexico... Mexico c'est 5 Monsieur.
P.	:	5. Bon merci.

Document étudiant n° 2

Employé 1	:	Allo, le consulat suisse.
Claudine	:	Bonjour. Je vous téléphone au sujet d'un étudiant marocain qui voudrait aller passer quelques jours pendant les vacances de Pâques en Suisse...
E 1	:	Un instant.
C.	:	Merci.
Employé 2	:	Allo.
C.	:	Allo.
E2	:	Oui.
C.	:	Bonjour M. Je vous téléphone au sujet d'un étudiant marocain qui voudrait aller passer quelques jours en Suisse pendant les vacances de Pâques. Est-ce que vous pourriez me dire de quels papiers il a besoin pour... pour y aller ? Est-ce qu'il lui faut un visa.
E2	:	Il est domicilié où, ce monsieur ?
C.	:	Il est... pour le moment il est domicilié à Besançon, mais il est de nationalité marocaine.
E2	:	Il est domicilié à Besançon, hein ?
C.	:	Oui.

L'APPROCHE COMMUNICATIVE

E2	:	Alors, pour rentrer en Suisse uniquement pour du tourisme, pour la visite touristique ou familiale, il lui faut un passeport en cours de validité.
C.	:	D'accord.
E2	:	Mais il est dispensé de visa.
C.	:	Dispensé de visa?
E2.	:	Oui.
C.	:	Bien.
E2	:	Voilà.
C.	:	C'est tout?
E2	:	C'est tout oui. Il faut le passeport en cours de validité.
C.	:	D'accord. Merci beaucoup.

Document étudiant n° 3

Patrick	:	Allo, je voudrais un renseignement pour Besançon/Grenoble, s'il vous plaît? Est-ce que vous pourriez me donner les horaires.
Employé	:	Pour être de bonne heure à Grenoble? Alors 8 h 34 là-bas. Il s'agit de partir à 2 h 50 le matin.
P.	:	Oh c'est trop tôt.
E.	:	7 h 15 départ de Besançon; 10 h 19 Lyon.
P.	:	Il faut changer à Lyon?
E.	:	Ah oui 10 h 43 nouveau départ de Lyon; 12 h 00 Grenoble.
P	:	12 h 08 et dans l'après-midi?
E.	:	Alors dans l'après-midi 16 h 42; il faut partir à 11 h 04 de Besançon.
P.	:	11 h 04 Besançon.
E.	:	Qui vous amène à Lyon 13 h 32.
P.	:	Oui.
E.	:	Changement 13 h 42, départ 15 h 03 Grenoble. Ou alors après: 16 h 11 départ Lyon 17 h 26 Grenoble.
P.	:	Il faut partir à quelle heure de Besançon?
E.	:	14 h 34 départ de Besançon, 18 heures à Lyon Perrache. Ensuite: 14 h 34 Turbot 18 h 00 à Lyon 18 h 32 GRENOBLE.
P.	:	Et quel est le prix en 2e classe?
E.	:	Attendez je vais vous dire ça; en 2e classe aller et retour 130 F monsieur.
P.	:	130 F, et en 1re classe?
E.	:	194 F.
P.	:	194 F. Et il faut toujours passer par Lyon obligatoirement?

E.   : Ah ben oui; il faut descendre la vallée et après prendre sur la droite.
P.   : Merci.
E.   : Au revoir Monsieur.

Document étudiant regroupant n°s 1-2-3

1. Est-ce que tu pourrais me dire le prix de la carte ASCCLAB?
2. Je voudrais savoir quelle est la marche à suivre pour téléphoner au Mexique...
3. Je vous téléphone au sujet d'un étudiant marocain qui voudrait aller passer...
   Est-ce que vous pourriez me dire de quels papiers il a besoin?
   Est-ce qu'il lui faut un visa?
4. Je voudrais un renseignement pour Besançon/Grenoble. Est-ce que vous pourriez me donner les horaires. Et quel est le prix en 2e classe?
5. Je vous téléphone parce que je suis en train de chercher un appartement.

b. Fiche professeur pour les documents-étudiants 1-2-3 (demander un renseignement)

Objectif
— Regrouper ce qui sert à amorcer la demande de renseignements. Les relevés ont été faits sur des communications téléphoniques mais peuvent être réutilisés dans des situations de communication directe.

Démarche
— Faire regrouper les différentes façons de demander un renseignement et faire des transformations sur ces énoncés.

1. Est-ce que tu pourrais → Est-ce que vous pourriez (me dire – me donner)

2. Je voudrais + V + mot interrogatif (si – comment – quand – quel – etc.)
   Je voudrais + N (un renseignement – les horaires)

3. Je vous téléphone au sujet de... pour...
   Je vous téléphone parce que...

Lorsqu'on a 3 demandes pour le même document, la première est toujours accompagnée d'une amorce du type de celles que nous avons relevées, ensuite la question peut être posée directement, par exemple :
   « Quel est le prix en 2e classe ».

II. Conceptualisation : localiser dans l'espace

a. Document étudiant *(corpus enregistré)*

1. A — Vous habitez au centre ville ?
   B — Non, dans un village.
   A — C'est loin de Besançon ?
   B — À 15 kilomètres.

2. A — Pour moi c'est pratique, j'habite tout près du C.L.A.
   B — Ah bon ! Où ?
   A — Rue de la Préfecture.
   B — T'as de la chance ! Moi je suis à Planoise.

3. A — Vous cherchez un F3 en ville ou à la campagne ?
   B — De préférence en ville.
   A — Mais dans quel quartier ?
   B — Oh... ça m'est égal.

4. A — Vous connaissez un bon restaurant dans le coin ?
   B — Non... je ne vois pas...
   A — Et en dehors de Besançon ?
   B — Attendez... Ah oui, à Chalèze.
   A — C'est loin ?
   B — Non. C'est direction Belfort, et à la sortie de Besançon, il faut prendre à droite. C'est à 10 minutes en voiture. C'est dans le village, à côté de l'école.

5. A — Alors, tu viens chez moi ce soir ?
   B — Oui, mais c'est où ?
   A — Ben c'est à Charnay.
   B — Mais où, dans le village ?
   A — C'est à l'entrée, la troisième maison à droite, juste en face de la poste.

6. A — Vous cherchez un appartement à Paris ou en banlieue ?
   B — À Paris.
   A — Dans quel arrondissement. ?
   B — Le quatorzième.
   A — Alors nous avons un F5 rue du Commandeur.
   B — C'est quel métro ?
   A — C'est à Alésia, c'est la ligne Clignancourt/Orléans.
   B — C'est juste ce qu'il me faut. C'est cher ?

b. Fiche professeur 1 (localiser dans l'espace)

Objectif

— Réflexion sur la localisation dans l'espace et l'utilisation de prépositions (à – en – à la – en – dans – loin de – près de, etc.).

Démarche

— Écoute du corpus, compréhension globale.
— Faire faire aux étudiants un relevé de toutes les expressions qui servent à localiser, et leur demander de regrouper ces expressions.
— On pourra arriver à cette classification :

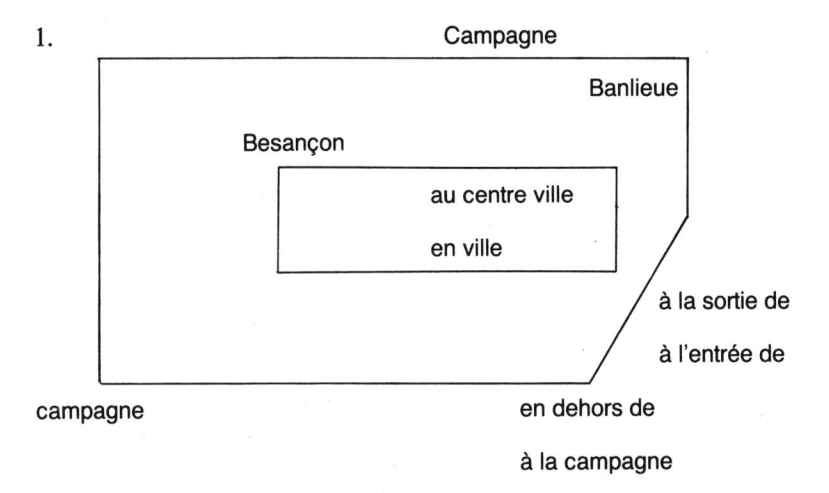

1.

```
                        Campagne
                                        Banlieue
            Besançon
                        au centre ville
                        en ville
                                        à la sortie de
                                        à l'entrée de
campagne                en dehors de
                        à la campagne
```

Montrer aux étudiants que *le* choix de l'une ou l'autre des expressions (par exemple entre *à la sortie de* et *à l'entrée de* ; entre *en dehors de B et à la campagne*)
dépend • de la situation de la personne qui parle,
        • du degré de précision que l'information nécessite.

2. À + localité (ville ou village)   (sauf lorsqu'ils sont précédés de *le, la, les, l'*, Ex. : les Halles.)

3. À + distance exprimée en temps ou en espace (min ou km).

4. Toutes les expressions avec « dans » donnent une localisation dans un espace déterminé mais sans précision à l'intérieur de cet espace :

        dans le coin
        dans un village
        dans quel quartier
        dans le 14e arrondissement.

5. La localisation avec *loin – près de – à côté de – en face* de permet de la même façon que *à + distance de, en dehors de, à la sortie de* de situer un point par rapport à un autre supposé connu.
6. Expression de la localisation par une partie de l'adresse :
                   Rue de la Préfecture
7. On pourra également utiliser ce corpus en l'enrichissant si nécessaire pour traiter le problème de *de – de la – de l'* qu'on complètera ultérieurement en ajoutant *des*.

III. Systématisation

Fiche professeur *(localiser dans le temps)*

Document
— Document étudiant : un tableau des horaires de train.

Objectif
— Apprendre l'expression de l'heure.

Démarche
1. Faire des relevés sur les documents indiqués précédemment :
Document étudiant n° 3 (page 112).
  2 h 50 le matin,
  7 h 15,
  10 h 19 etc.
2. Travailler l'expression de l'heure dans la classe.
3. Demander aux étudiants d'expliciter le choix de l'une ou de l'autre des expressions possibles de l'heure selon la situation.
Par exemple :
  18 h 32 Grenoble (document étudiant n° 3)
  dans la classe : il est 3 h 1/4 (sans préciser du matin ou du soir et on dit pas qu'il est 15 h 15).

LES OBJECTIFS DU COURS DE FLE SUR 15 SEMAINES

Première semaine

Objectifs
— Identification à l'oral et à l'écrit, avec des activités qui permettent la prise de contact entre les étudiants.
— Mise en place des procédés de travail auxquels les étudiants ne sont généralement pas habitués :
  — Séparation des activités de compréhension/expression/systématisation.
  — Évaluation/négociations.
  — Travail à l'extérieur : enquêtes.

Deuxième semaine

Objectifs
— Demande de renseignements.
— Localisation dans l'espace.
— Prise de contact/salutations.
— La numération.

Troisième semaine

Objectifs
— Demande de renseignements en liaison avec les problèmes concrets des étudiants.
— Systématisation : localisation dans l'espace ; déterminants.

Quatrième semaine

Objectifs
— Expression du temps : le passé.
— Suite du travail sur la numération.
— Compréhension : les médias.

Cinquième semaine

Objectifs
— Suite du travail sur l'expression du passé.
— Les médias : la publicité,
　　　　　　　la chanson.
— Amorce de travail sur :
　— l'expression des goûts,
　— l'invitation (dire de faire — projets).

Sixième semaine

Objectifs
— Expression des projets.
— Utilisation des dictionnaires.

Septième semaine

Objectifs
— Invitation (suite).
— Expression des projets.
— Futur.
— Expression des goûts (appréciation).

Huitième semaine

Objectifs

— Expression du jugement/opinion.
— Expression du conseil.
— Activité à l'extérieur (voyage à Bouclans).

Neuvième semaine

Objectifs

— Expressions de l'accord/du désaccord.
— Les indicateurs de temps.
— Écrit: Comment rédiger une lettre: formelle/non formelle.

Dixième semaine

Objectifs

— Présentation mutuelle des étudiants. Prise de contact. Faire en sorte que les étudiants apprennent à se connaître, qu'il n'y ait pas de clans anciens/nouveaux. Conseils à donner aux nouveaux. Présentation du fonctionnement du cours par les anciens.
    — Expression du jugement: appréciation; argumentation.
    — «Bain linguistique» en compréhension orale (globale).
    — Sensibilisation (pour les nouveaux étudiants):
        au travail de groupe;
        à la prise de parole spontanée;
        à la compréhension globale: bain linguistique (émission télévisée).

Onzième semaine

Objectifs

— Compréhension globale (suite) Par le biais d'émissions télévisées.
— Sensibilisation aux différents types de discours (dialogue – récit – discours).
— Le récit: langue littéraire.

Douzième semaine

Objectifs

— Expression du jugement : donner des conseils.
— Le discours de la presse : écrite/orale
— Formes passives.
— Systématisation pour l'emploi des prépositions.

Treizième semaine

Objectifs

— Expression de l'opinion : débats pour/contre.
— Le récit oral et écrit.
— Presse : le discours rapporté : appréciation, jugement, critique.

Quatorzième semaine

Objectifs

— Expression de l'opinion (suite), de l'hypothèse.
— Enquêtes à l'extérieur.
— Écrit.
— Le récit (suite).

Quinzième semaine

Objectifs

— Expression de l'opinion (suite).
— Comment prendre la parole.
— Récit (suite).
— Le langage de la presse parlée.

BIBLIOGRAPHIE

ABÉ D. et alii (1979): « Didactique et authentique : du document à la pédagogie » dans *Mélanges pédagogiques*, CRAPEL, Université de Nancy 2.

ALBERT M.C. et alii (1979): *Compte rendu d'une classe expérimentale*, Besançon, CLAB, Multigraphie.

ALEXANDER L.G. (1977): *De quelques incidences du Waystage et du Threshold Level en matière de méthodologie*, Bruxelles, Conseil de l'Europe.

ALI BOUACHA M. (1978). Dir.: *La pédagogie du FLE*, Paris, Hachette.

AUSTIN J.L. (1970): *Quand dire c'est faire*, Seuil, Traduction de *How to do things with words*, Oxford University Press, 1962.

BACHMANN C., COHEN-SOLAL A. (1980): « Un Yéménite dans une poste » dans *ELA* n° 37.

BACHMANN C. et alii (1981): *Langages et communications sociales*, Paris, CREDIF, LAL, Hatier.

BARILLAUD M.C. et alii (1984): « Méthodes FLE d'ailleurs et d'aujourd'hui, Rubrique Outils », *FDM* n° 185.

BATESON G. et alii (1981): *La nouvelle communication*, Paris, Seuil.

BEACCO J.C. (1980): « Ralentir travaux » dans *Anthobelc 2*, Paris, BELC, Multigraphie.

BERARD E., GIROD C. (1981): « Pratiques communicatives et pédagogie » dans *Champs éducatifs* n° 3, Université de Paris 8.

BERRENDONER A. (1981): *Éléments de pragmatique linguistique*, Paris, Éditions de Minuit.

BERTOLETTI M.C. (1984): « Manuels et matériels scolaires pour l'apprentissage du FLE » dans *FDM* n° 186.

BESSE H. (1974): « Les exercices de conceptualisation ou la réflexion grammaticale au niveau 2 » dans *Voix et Images du CREDIF* n° 2, Paris, Didier.

BESSE H., GALISSON R. (1980) *Polémique en didactique*, Paris, CLE INTERNATIONAL.

BESSE H. (1981): « Pour une didactique des documents authentiques » dans *Travaux de didactique* n° 5/6, Université de Montpellier.

BESSE H., PORQUIER R. (1984): *Grammaire et didactique des langues*, Paris CREDIF, LAL, Hatier.

BESSE H. (1985): *Méthodes et pratiques des manuels de langue*, Paris, CREDIF, Didier.

BOEKAERTS M. (1981): « Une grille de sélection des méthodes d'enseignement et des activités d'apprentissage » dans *Champs Éducatifs* n° 3, Université de Paris 8.

Brault G. (1983): « Enseignants, apprenants et communication » dans *FDM* n° 178.
Breen M., Candlin C. (1980): « The essentials of a communicative curriculum in language teaching » dans *Applied Linguistics,* vol. 1, n° 2.
Bronckart J.P. (1984): « Un modèle psychologique de l'apprentissage des langues? » dans *FDM* n° 185.
Canale M., Swain M. (1980): « Theoretical bases of communicative approaches to second langage learning and testing » dans *Applied Linguistics,* vol. 1, n° 1.
Capelle M.J., Achard-bayle G. (1982): « Environnement et élaboration de matériel pédagogique; décentration, recentration: mission impossible? » dans *FDM* n° 171.
Chancerel J.L., Richterich R. (1977): *L'identification des besoins des adultes apprenant une langue étrangère*, Bruxelles, Conseil de l'Europe.
Cicurel F. (1985): *Parole sur parole: Le métalangage en classe de langue*, Paris, CLE INTERNATIONAL.
Coppale X. (1976): « La prise de parole en classe, l'acte de parole et la situation de communication » dans *Langue Française* n° 32.
Corder S.P. (1980): « Que signifient les erreurs des apprenants? » dans *Langages* n° 57, Traduction de « The significance of learners' errors », *IRAL V. 4,* 1967.
Corder S.P. (1980): « Dialectes idiosyncrasiques et analyse d'erreurs » dans *Langages* n° 57, Traduction de « Idiosyncratic Dialects and Error Analysis », *IRAL IX. 2,* 1971.
Coste D. (1977): « Un Niveau-Seuil » dans *FDM* n° 126.
Coste D. (1976): « Décrire et enseigner une compétence de communication: remarques sur quelques solutions de continuité » dans *Bulletin CILA* n° 24.
Courtillon J., Raillard S. (1982): *Archipel 1*, Paris, CREDIF, Didier.
Courtillon J., Raillard S. (1983): *Archipel 2*, Paris, CREDIF, Didier.
Courtillon J., Pargaud M. (1987): *Archipel 3*, Paris, CREDIF, Didier.
Crapel (1978): « Utilisation des documents authentiques dans l'enseignement/apprentissage des langues de spécialité » dans *Actes du séminaire.* Université de Nancy 2.
Dabene M., Martin-Saura C. (1979): « L'adulte et le métalangage grammatical » dans *ELA* n° 34.
Dalgalian G. et alii (1981): *Pour un nouvel enseignement des langues*, Paris, CLE INTERNATIONAL.
Davoine J.P. (1982): « Cartes sur table. Rubrique Outils » dans *FDM* n° 168.
Davoine J.P. (1983): « Archipel. Rubrique Outils » dans *FDM* n° 179.
Debyser F. (1985): « De l'imparfait du subjonctif aux méthodes communicatives » dans *FDM* n° 196.
Debyser F. (1971): Introduction dans Reboullet A. Dir. *Guide pour le professeur de FLE*, Paris, Hachette.

DUDA R. et alii (1973): « L'exploitation didactique de documents authentiques » dans *Mélanges Pédagogiques*, CRAPEL, Université de Nancy 2.

DUDA R. (1976): « Compréhension écrite et compétence de communication » dans *Bulletin CILA* n° 24.

DUMONT P. (1985): « Compétence de communication et énonciation dans la Méthode Orange. Essai d'analyse méthodologique » par Margaret Gearon dans *Travaux de didactique* n° 14. Université de Montpellier.

FIUSA D. et alii (1978): *En effeuillant la marguerite*, Paris, Hachette.

FRAUENFELDER U., PORQUIER R. (1980): « Le problème des tâches dans l'étude de la langue des apprenants » dans *Langages* n° 57.

FRAUENFELDER U. et alii (1980): « Connaissance en langue étrangère » dans *Langages* n° 57.

GALISSON R., COSTE D. (1976): *Dictionnaire de didactique des langues*, Paris, Hachette.

GALISSON R. (1980a): *D'hier à aujourd'hui, la didactique générale des langues étrangères: du structuralisme au fonctionnalisme*, Paris, CLE INTERNATIONAL.

GALISSON R. (1980b): *Lignes de force du renouveau actuel en didactique des langues étrangères. Remembrement de la pensée méthodologique*, Paris, CLE INTERNATIONAL.

GALISSON R. (1982): *D'autres voies pour la didactique des langues*, Paris, CREDIF, LAL, Hatier.

GALISSON R. (1983): *La suggestion dans l'enseignement: histoire et enjeu d'une pratique tabou*, Paris, CLE INTERNATIONAL.

GAONACH H.D. (1987): *Théories d'apprentissage et acquisition d'une langue étrangère*, Paris, CREDIF, LAL, Hatier.

GARCIA C. (1982): « Interaction et analyse du discours » dans *ELA* n° 46.

GARDNER R.C., LAMBERT W.E. (1972): *Attitudes and motivation in second language learning*, Rowley, Massachusetts, Newbury House.

GAUVENET H. et alii (1959): *Voix et images de France*, Paris, CREDIF, Didier.

GREMMO M.J. (1978): « Apprendre à communiquer: Compte rendu d'une expérience d'enseignement du français » dans *Mélanges Pédagogiques*, Université de Nancy 2.

GROS N., PORTINE H. (1976): « Le concept de situation dans l'enseignement du français » dans *FDM* n° 124.

GUMPERZ J.J., HYMES D.D. (1972): « Modèles pour l'interaction du langage et de la vie sociale » dans *ELA* n° 37, traduction de *Directions in sociolinguistics: the ethnography of communication*, New York, Holt, Rinehart and Winston.

GOFFMAN E. (1974): *Les rites d'interaction*, Paris, Éditions de Minuit.

GRANDCOLAS B. (1980): « La communication dans la classe de langue » dans *FDM* n° 153.

HALL E.T. (1974): *Le langage silencieux*, Paris, Seuil, Traduction de *The silent language*, New York, Doubleday, 1959.
HOARAU B. (1983): *Expérience de classe «Archipel»*, Madras, Inde, Alliance française.
HYMES D. DELL. (1972): «On communicative competence» dans PRIDE J.B., HOLMES J. Éd. *Sociolinguistics*, Penguin.
HYMES D. DELL. (1984): *Vers la compétence de communication*, Paris, CREDIF, LAL, Hatier.
JOHNSON K. (1982): *Communicative syllabus design and methodology*, Oxford, Pergamon Press.
JUPP T.C. et alii (1978): *Apprentissage linguistique et communication: méthodologie pour un enseignement fonctionnel aux immigrés*, Paris, CLÉ International, Adaptation de *Industrial English*, 1975.
KRAMSCH C. (1984): *Introduction et discours dans la classe de langue*, Paris, CREDIF, LAL, Hatier.
KRASHEN S.D. (1981): *Second language acquisition and second language learning*, Oxford, Pergamon Press.
KRASHEN S.D., TERREL T.D. (1983): *The natural approach: language acquisition in the classroom*, Pergamon/Alemany Press.
LANDSHEERE G., BAYER E. (1974): *Comment les maîtres enseignent. Analyse des interactions verbales en classe*, Bruxelles, Ministère de l'Éducation Nationale et de la Culture.
LOHEZIC B., PERUSAT J.M. (1979): «Élaboration d'unités capitalisables en fonction d'un Niveau-Seuil» dans *FDM* n° 149.
LOHEZIC B., PERUSAT J.M. (1982): «Relations amicales entre Allemands et Français» dans *FDM* n° 171.
LOHEZIC B., PERUSAT J.M. (1980): *Documents pour l'enseignement du français aux adultes débutants. Le Français des relations amicales*, Institut Français, Francfort.
MOGET M.T. (1972): *De Vive Voix*, Paris, CREDIF, Didier.
MOIRAND S. (1979): *Situations d'écrit*, Paris, CLE INTERNATIONAL.
MOIRAND S. (1982): *Enseigner à communiquer en langue étrangère*, Paris, Hachette.
MOIRAND S. (1984): «Us et abus des approches communicatives et Approches diverses de la conversation en classe de langue» dans *Actes des 8e Journées pédagogiques sur l'enseignement du français en Espagne*. Université Autonome de Barcelone.
MONTREDON J. et alii (1976): *C'est le Printemps*, Paris, CLE INTERNATIONAL.
OSKARSSON M. (1978): *Approaches to self-assessment in foreign language learning*, Bruxelles, Conseil de l'Europe.
PORCHER L. (1976): «M. Thibaut et le bec Bunsen» dans *ELA* n° 23.
PORCHER L. (1977): «Une notion ambiguë: les besoins langagiers» dans *Cahiers du CRELEF* n° 3.
PORCHER L. (1978): «Didactique des langues et communication sociale»

dans FERENCZI V. Dir. *Psychologie, langage et apprentissage*, Paris, VIC, CREDIF, Didier.
PORCHER L. (1983): « L'école dans tous ses états » dans *FDM* n° 179.
PORQUIER R. (1975): « Progression didactique et progression d'apprentissage : quels critères? » dans *ELA* n° 15.
PORQUIER R. (1976): « Analogie, généralisation et systèmes intermédiaires dans l'apprentissage d'une langue non maternelle » dans *BULAG* n° 3, Université de Franche-Comté.
PORQUIER R., WAGNER E. (1984): « Étudier les apprentissages pour enseigner à apprendre » dans *FDM* n° 185.
PORTINE H. (1983): *L'argumentation écrite. Expression et communication*, Paris, Hachette/Larousse.
POSTIC M. (1977): *Observation et formation des enseignants*, Paris, PUF.
PUJADE-RENAUD C., ZIMMERMANN D. (1976): *Voies non verbales de la relation pédagogique*, ESF.
PY B. (1976): « Étude expérimentale de quelques stratégies d'apprentissage d'une langue étrangère par des adultes » dans *ELA* n° 21.
PY B. (1984): « L'analyse contrastive : histoire et situation actuelle » dans *FDM* n° 185.
REBOULLET A. et alii (1978): *Méthode Orange*, Paris, Hachette.
RICHTERICH R., SUTER B. (19): *Cartes sur table*, Paris, Hachette.
RICHTERICH R., WIDDOWSON H.G. (1981): *Description, présentation et enseignement des langues*, Paris, CREDIF, LAL, Hatier.
RILEY P. (1981): « *Now where was I...* ? Aspects of negotiation of meaning » dans *Mélanges Pédagogiques*, CRAPEL, Université de Nancy 2.
ROGERS C. (1977): *Liberté pour apprendre*, Paris, Dunod.
ROULET E., (1972): *Théories grammaticales, description et enseignement des langues*, Paris, Nathan.
ROULET E., HOLEC H. Dir. (1974): « L'enseignement de la compétence de communication en langue seconde » dans *Bulletin CILA* n° 24.
ROULET E. (1976): *Un Niveau-Seuil. Présentation et guide d'emploi*, Bruxelles, Conseil de l'Europe.
ROULET E. (1976): « L'apport des sciences du langage à la diversification des méthodes d'enseignement des langues secondes en fonction des caractéristiques des publics visés » dans *ELA* n° 21.
WEISS F. (1983): *Jeux et activités communicatives dans la classe de langue*, Paris, Hachette.
WIDDOWSON H.G. (1981): *Une approche communicative de l'enseignement des langues*, Paris, CREDIF, LAL, Hatier, traduction de *Teaching language as communication*, Oxford University Press, 1978.
WILKINS D.A. (1973): « Contenu linguistique et situationnel du tronc commun d'un système d'unités capitalisables » dans *Systèmes d'apprentissage des langues vivantes par les adultes*, Bruxelles, Conseil de l'Europe.
WILKINS D.A. (1974): *Second language learning and teaching*, Arnold.

WILKINS D.A. (1976): *Notional Syllabuses*, Oxford University Press.

REVUES

ELA n° 16 (1974): La notion de progression en didactique des langues, Paris, Didier.

ELA n° 56 (1984): Expériences récentes de pratiques communicatives en langue seconde au Québec, Paris, Didier.

FDM n° 133 (1977): Les nouveaux débutants, Paris, Hachette/Larousse.

FDM n° 153 (1980): Pratiques de la communication, Paris, Hachette/Larousse.

FDM n° 183 (1984): Interaction et communication, Paris, Hachette/Larousse.

FDM n° 185 (1984): Le français tel qu'il s'apprend, Paris, Hachette/Larousse.

Langages n° 157 (1980): Apprentissage et connaissance d'une langue étrangère, Paris, Larousse.

La photocomposition de cet ouvrage
a été réalisée par
GRAPHIC HAINAUT
59690 Vieux-Condé

Couverture : GRAPHIR
Composition : GRAPHIC-HAINAUT
Edition : Gilles BRETON

N° d'éditeur 10005204-I-(1)-OSB-80°- Imprimé en France Octobre 1991
Imprimerie Jean Lamour, 54320 Maxéville - N° 91090085